語文教學叢書

碰撞下的震撼與火花
兩岸中學名師教學觀摩與評課專輯

孫劍秋　主編

目次

孫序

孫劍秋*

　　本人所主持的科技部（原為國家科學委員會）「符合15歲國際評量規範之閱讀素養學習與評量雲端平臺」計畫，內容包含三大部分：1. 建構適性閱讀的電子書雲端平臺。2. 發展適性檢測的閱讀評量系統。3. 研發合乎國際評量規範之閱讀模擬試題，並對國、高中教師進行推廣。感謝團隊夥伴秉持高度的合作態度，共同辦理了十多場的「閱讀素養與線上評量工作坊」。在各縣市進行研習時，我們充分表達：閱讀教學應該從教師教學策略與教學方法的改變開始。我們也嘗試從評量的角度，省思各式教學法對學生閱讀素養能力的影響。更重要的我們深信，教學不該是依循故舊、閉門造車，反而更應該透過外來的刺激以加深學習效果，也相信教師教學授課、觀課、評課等經驗的累積，能引領現場教師積極的正向成長。

　　有鑒於此，本團隊邀請來自上海師範大學教育學院的王榮生教授、特級教師李海林教授、浙江寧波市教育局的褚樹榮教授，以及寧波市北侖區外國語學校的特級教師劉飛耀校長，與臺灣承辦學校桃園縣立慈文國中、苗栗縣立烏眉國中合作，於一〇二年十二月九日、十日分別舉辦一場「兩岸教學觀摩研討交流活動」。活動內容包括兩岸教師的「同課異構」（講授相同文本，發揮不同教學創意）、專家

＊　科技部「符合15歲國際評量規範之閱讀素養學習與評量雲端平臺計畫」主持人。

學者點評與授課。桃園場由楊明國中蔡淑梓老師進行洪醒夫〈紙船印象〉的現場教學，看著她由淺入深，帶領學生層層領略紙船的「童趣」；接著又領略上海師大李海林教授發自真誠的講授——洪醒夫母親是如何透過紙船以傳遞「美麗的情感」，兩人精彩的演出，給現場一百多位觀課教師帶來學習的震撼——原來講課可以如此引人入勝。苗栗場的觀課也不遑多讓，分別由烏眉國中劉怡辰老師與劉飛耀校長進行劉克襄〈大樹之歌〉的教學觀摩，怡辰老師多樣的教學技巧，讓整個課堂，活潑互動起來，也充分發揮同儕合作學習的效果；而飛耀校長從文字連結文本、從大樹與環境的連結，引導學生讀出個人對生命的關懷，真是異彩紛呈。接著，由本人及王榮生教授、褚樹榮教授、余崇生教授、陳麗捐校長、林孟君校長、吳韻宇老師，在聆聽數場教學演示後，發表個人觀課心得與點評意見。一場精彩的盛宴，才告散場。

站在計畫主持人的角度，我深切感受到海峽兩岸教師在教學策略上，均著重培養學生對閱讀理解能產生自發性思考。兩岸教學方法或有些許不同，實質目的卻是殊途同歸。經由彼此間的切磋琢磨，我們看見了教學形式的突破、也發現了教學內容的創新，甚至於專家學者間交流講評所觸發的悸動，在在激發現場教師自我學習、自我提升的想望，也對未來的閱讀教學供給了最佳養分。相信藉由此次豐富的觀摩洗禮，我們了解兩岸教學交流活動對教學實務、教學理論、教學反思有著非常正面的加分作用，由是對於兩岸教學交流活動，更為殷切企盼，相信未來會有更多的觀摩評課活動在兩岸間交互進行。我們期望在活動辦理順利的鼓舞下，能吸引越來越多的教學團隊投入此類交流活動，為臺灣教育界碰撞出更多美麗火花。

本次活動的促成，仰賴桃園縣教育局、苗栗縣教育處對此次活動的大力支持、承辦學校的精心籌劃、授課教師的辛苦備課、參與示

範學生的熱情配合、專家學者教師們的無私指導、團隊夥伴的幕後推動……等等，在此一併致上萬分謝意。一堂課四十五分鐘的時間裡，我們不僅得見「以教會友」的精彩實況，也邀請數位在場聆聽教師記錄當日觀課心得，將瞬間的領略化作永恆的文字。又本活動也獲得國文天地雜誌社的支持，讓十二篇觀課心得刊載於《國文天地》第三百四十六、三百四十七期專輯內；今徵得萬卷樓圖書公司同意合作，將文章重新排版校正，集結專書出版，以饗更多讀者。值此付梓之際，爰贅數語，敬祈方家不吝指正。

科技部（符合15歲國際評量規範之閱讀素養學習與評量雲端平臺計畫）

主持人 孫劍秋 謹誌

一〇三年五月二十日

打開教室，遇見春天

陳麗捐[*]

當跨越成為一種可能，我們就有機會在交叉口，看見不同的風景！

　　一直很喜歡「跨越」二字。跨越，是一個中性的詞，從此端到彼岸，無關乎今是昨非、優勝劣敗，只緣於場域的更迭，視野的轉換。跨越，像火車的轉轍器，切換我們慣常的軌道，引領我們走向一個全新的地域。

　　二〇一二年春天，跟隨孫劍秋教授的步伐，與教育部中央課程與教學輔導諮詢團隊，跨越臺灣海峽，到上海、杭州、寧波三地，進行兩岸教學觀摩交流。兩岸觀課的風潮像春日萌發的幼苗，透著蓬勃的朝氣。我們在彼岸的教學場域中，感受到開放課堂的巨大能量，在交流激盪中，迸發的火苗，照亮了我們的視野。

　　教書多年，習於一貫的步伐，從家到學校到教室，打開課本、講授重點、批改作業、試題評量、檢討考卷……學生來了又走了，日復一日，我們在自己的教學王國中擘畫孤獨的藍圖，卻在跨越的當口，瞬間開啟全然不同的視野。從說課、觀課、議課中，教學者與觀察者進行對話與反思，從而分享教學的能量，建構自身的教學體系，透過良性的激盪，創造最美的教學風景。短短數日的交流，卻烙印下難以

***

[*] 桃園縣龍潭國中校長。

磨滅的刻痕。

　　起始的足跡初初印下，通往未來的階梯迤邐漫延，我們思索著如何將這股交流的巨大能量迴旋擴大，讓臺灣教育現場的老師也感受到改革的浪潮。於是，經過一年多的籌畫之後，這一場兩岸教學觀摩活動終於在臺灣閃亮登場。

　　二〇一三年十二月，微冷的冬日，在桃園縣慈文國中初登場的兩岸教學觀摩交流活動，吸引了來自各地二百多位國中教師的參與，將慈文的演藝廳塞爆，欣賞一場華麗與創意交鋒的教學演示。我們期待著，這不是一場絢麗奪目的煙火秀，而是繞樑三日餘韻猶存的交響曲。在觀課議課之後，我發現，校園內引發的熱烈討論綿綿不息，從精到的文本分析到兩位教師的精彩演示，師生互動的美好歷程，以及開放課堂的意義，都讓大家咀嚼再三。看似波瀾不興的教學現場，隱約浪潮洶湧。

　　教育改革的腳步方興未艾，翻轉課堂的浪潮風起雲湧。觀課議課，演繹著一場教學的寧靜革命，把我們從封閉的課堂中帶向教學的新紀元，不同的角度，全新的感受。普魯斯特曾言：「真正的探索之旅，不在於見識陌生地域，而在於發現新的觀點。」打開教室，讓我們的心走出去，讓別人走進來，一起遇見教學的春天。

　　兩岸教學觀摩活動的結束，不是一個句點，而是一個刪節號，期待這一場美麗的相遇，是一幕幕的未完待續，留待現場的教師，在自己的課堂中，進駐春天！

烏眉觀課　感謝有你

林孟君[*]

楔子

　　「教學觀摩」對於臺灣的教學現場而言，是非常熟悉的名詞。尤其在教育部積極推動教師專業社群及學習社群的概念下，分享的觀念建立在教學現場中。

　　觀課的文化對本縣而言正在起步，縣裡有許多優秀的學校及團隊，然而我們希望這場觀課不僅是「專業」的對話，還希望能「感動」現場的教師，讓觀課的種子「散播」出去。烏眉國中是一所典型的偏遠小型學校，從「拋磚引玉」的角度來說，人少事多的學校如果可以辦的成，應該會比較具有說服力。此外，以學校的發展而言，很榮幸的參與孫劍秋教授主持的「國科會閱讀教學兩岸交流研討會」讓學校從課程與教學紮根。雖然如此，對於一位初到任四個月的新手校長而言，回想起來突然覺得當時有點膽大，不過卻讓我們學校開始動了起來……。

---

* 苗栗縣烏眉國中校長。

感謝

　　一件事情的完成，需要眾人的祝福與支持，首先感謝劉火欽處長大力的支持，學管科徐健男科長的力挺，李雯琪課程督學居中協助，在縣府的支持下，活動得以順利進行。並感謝國文輔導團召集人秋嬋校長及輔導團員的協助，還有當天參與的校長及課程督學及教學夥伴，有您真好。

　　很短的時間內完成一件事，全力以赴的團隊精神是深刻感動的記憶。當破破舊舊的禮堂搖身一變成為具有現代感的教室，最要感謝的是文峰主任和活動前一天傍晚都還在刷油漆的何金昌先生；憶菁主任、秋碧和瑜玫為了讓所有的教師都能順利觀課而費盡心思，當天早上看到手工完成的研習手冊，真的令人感動不已；校園裡怡岑主任帶著學生不斷地整理環境，國文科老師們持續的備課討論，活動當天夥伴們不分彼此的支援……謝謝我親愛的烏眉團隊在過程中的全力以赴，為了讓與會者有更好的品質而努力，謝謝有你！

展望

　　每一位專業的教師都是經過一次次的教學省思與討論，透過省思中發現教學中的我，專業成長就在軌跡中不斷的醞釀與發酵。教學需要安靜觀察，觀察學生的需求、觀察教師需成長的空間；教學需要思考，思考在教育現場中的改變與未來；接下來是團隊的合作與分享，相信教學在觀摩與對話中定有所領悟。

　　透過觀課，可以提供教師思維教學的空間。兩岸的語文教學在文本的詮釋與教學策略各有所長，在共同語文基礎的優勢下，可以透過更多的觀課討論進行教學對話，進而創造彼此更有效的教學方式與策

略，期待未來有更多的兩岸教學觀課交流，創造屬於語文教學的未來進行式。

觀課交流，共創雙贏
——同課異構的桃園驚豔

國立臺北教育大學語文與創作學系　孫劍秋教授　執行策劃

　　為配合教學新世紀的到來，桃園縣國教輔導團國中國語文團隊與國立臺北教育大學孫劍秋教授及所屬閱讀教師團隊合作，於一〇二年十二月九日在桃園縣慈文國中進行國科會**「符合15歲國際評量規範之閱讀素養學習與評量雲端平臺」**計畫兩岸教學觀摩研討交流活動。會中除有桃園縣輔導團代表與上海特級教師代表的教學觀摩外，並有兩岸教授的點評講解，以期透過專業對話，相互交流彼此在閱讀教學上的策略、方法，並提升課堂上的教學能力。

　　桃園縣教育局吳林輝局長也在致詞時指出：這是桃園縣第一場海峽兩岸「同課異構」觀摩，期待有更多的機會進行教學的交流，讓本縣教師教學更加精進！

〈紙船印象〉教學實錄

蔡淑梓[*]

一　緣起

　　今年十一月初，我收到國立臺北教育大學孫劍秋教授的邀請，擔任桃園縣第一次兩岸教學觀摩「同課異構」的授課教師。由於這是桃園縣第一次辦理公開授課、觀課、議課的活動，所以活動的衝擊性與意義性非凡：不僅可以讓教育相關人員親身感受兩岸教學不同的思維與內涵，還能開啟老師們共同研討課程、開放教學課堂的風氣。因此，多方考量之下，希望能在有限的時間內，將臺灣近幾年推展的閱讀學習歷程與策略、以學生為主的教學理念、有效教學、分組學習等概念，結合在課堂中加以呈現。

二　授課過程與授課中的發現

（一）師生第一次接觸，舒緩緊張氣氛，建立信任、安全　　　的發言氛圍

　　這是我生平第一次上公開課，據說參與的學生也是第一次在「眾

＊ 桃園縣楊明國中教師。

目睽睽」之下進行學習。「起立、立正、敬禮！」班長以異於平常、幾乎接近破嗓的高分貝聲音，用盡全力，迸發出高昂的口令；同學們一聽到口令，馬上從座位上彈跳起來，兩手緊貼大腿立正，全身肌肉緊繃，雙眼直視老師，各個全神貫注，彷彿聽到槍聲就要起跑的運動選手。緊接著全班整齊劃一的大聲喊出：「老師好！」「同學們好，請坐下。同學好有精神哦！今天第一次見面，你們對我有沒有一點點好奇？」看著學生過度緊張的神態，我決定先舒緩孩子們的情緒，讓他們放鬆全身肌肉，我擔心過度緊張會讓孩子們沒有辦法專注於學習本身，更遑論深度思考以及上臺發表。

　　「有沒有什麼想要問我的，除了年齡以外，其它什麼都可以問？」有一位男同學率先舉手：「老師妳叫什麼名字？」雖然我身旁的立牌上就寫著老師的名字，但是學生因為緊張，只敢盯著老師看，

師生初次接觸，互敬開啟課程

可能沒有發現。我想周圍的情況他們不看也好，免得看到兩百多雙眼睛盯著他們，更加深他們的緊張與焦慮，再說有勇氣第一個舉手發言，值得鼓勵，千萬不要讓他覺得自己疏忽了；而且藉由簡單的自我介紹，可以順勢拉近和學生之間的距離。「老師姓蔡，蔡淑梓——淑是淑女的淑，梓是造福鄉梓的梓。你們可以叫我蔡老師就可以了，不是很菜的老師哦，是很棒的老師！」用很菜的老師自我消遣一下，終於看到學生們的笑容，臉上緊繃的肌肉稍微舒緩了。「這樣有沒有回答你的問題？」「有！」「同學們有沒有其它的問題？」學生不習慣發言，頓時現場又陷入一片沉寂。

「沒有！好，那換我問你們囉：我對你們充滿了好奇，剛剛你們進來的時候，老師看著，覺得你們班的帥哥美女好多哦！來，看看你的左邊，看看你的右邊，是不是都是帥哥或美女？有人點頭，有人搖頭。對自己要有信心呀！帥氣跟美麗有各種不同的特色，有些人眼睛很大，有些人氣質很好，有些人身材勻稱啊！我們再倒帶一次，看看你的左邊，看看你的右邊，來，是不是都是帥哥或美女？同意的請舉手。」同學們面帶笑容，靦腆的左右張望了一下，大約有三分之二的同學陸陸續續的舉手，不但發出笑聲，神情態度也更為放鬆；我想，可以試著進入課程了。

「請放下你的手，同學們還是非常客氣啊，你們有沒有發現舉手並不困難？等一下在課程進行的時候，希望同學們都能踴躍舉手，踴躍發言，這樣我們的學習會更愉快。同學知不知道今天的課次是什麼？」「第八課」「第八課的課次名稱是什麼？」「紙船印象」「今天的教學目標也就是同學的學習目標是：統整文章主要訊息，體會文中美麗的感情，省思圍繞在自己周遭的各種關懷與愛。」讓學生知道本堂課的學習目標之後，課程正式開始。

（二）以學生為學習主體，老師進行課堂中的課程引導

「我知道你們都已經看過這篇文章了，看過之後，你們有沒有要提出來討論的問題？」全場寂靜，同學們仍然不習慣提問。「如果沒有，那老師要請問同學：你們覺得作者對紙船的印象是什麼？」「母愛！」班長大聲的回答。「同學都同意嗎？有沒有其他的想法？」沒有人發言，我原本預計會有：好玩、快樂、童年、雨天、懷念、感恩印象……等答案，就可以帶著學生回顧文章第一段到第三段的訊息，並且與第四段、第五段統整比較之後，再歸納出最重要的母愛印象。看著同學的答案非常篤定、精確，所以決定隨著同學的思考脈絡，直接帶入母愛印象。

「紙船帶給作者的印象是母愛印象，那作者認為母親的這份愛，是一份什麼樣的感情？」「美麗的感情！」聽到兩、三位同學一起發出聲音回答了。「很棒，有沒有不一樣的想法？」沒有人提出不同的看法，老師繼續帶領議題討論。「沒有？你們班很團結啊！」我試著再次舒緩緊張的氣氛，然後請同學進行文章重點的檢索與擷取。「美麗的感情在文章中的第幾段？」「第四段。」「美麗的感情，美麗的地方在哪裡啊？它為什麼很美麗？接下來請同學把第四段默讀一遍，默讀就是不發出聲音，自己安靜的閱讀，然後圈選出和美麗的感情有關的訊息。」我想藉由學生自行圈選重點，知道他們自行閱讀的能力，也可以讓他們在發表前，先做好資料蒐集的工作，減輕發言的壓力。

我進行課間巡視，發現很多同學幾乎整段都畫線，看同學都圈選得差不多了，我問同學：「有沒有人要說一說你圈選了哪些字句？把你圈選的字句唸出來。」有幾位同學舉手，我挑選了一位重點比較精確的女同學回答。「也許那雨一下就是十天半月，農作物都有被淋

壞、被淹死的可能，母親心裡正掛記這些事，煩亂憂愁不堪，但她仍然平靜和氣的為孩子摺船。」「老師請問妳，妳圈的這些字句，妳覺得它美麗的地方在哪裡？為什麼這些字句會引起妳感覺到美麗？」學生沉默不語，似乎不知道如何回答；我繼續追問，希望能引導學生回答。「例如說，也許那雨一下就是十天半個月，這個時候如果妳是母親，妳會想和老天爺說什麼？」「可不可以不要再繼續下雨！」「為什麼？如果繼續再下雨，會怎麼樣？」「農作物都有被淋壞、被淹死的可能。」「所以這個時候母親心裡面正記掛著這些事，她有沒有壓力？」「有」「是什麼壓力？」學生再度沉默不語。「好，沒關係，我覺得妳蠻緊張的，舒緩一下，我們換一個帥哥來回答。」「現實的金錢壓力」「現實的經濟壓力很大，可是母親用什麼心情來摺紙船？」「平靜和氣的為孩子摺船。」「你覺得這個媽媽不容易的地方在哪裡？」學生傻笑，不知道如何回答。

「如果我現在壓力很大，就像你現在一樣，壓力很大對不對？但是我還可以這樣平心靜氣的，笑笑的，你覺得老師不容易的地方在哪裡？」我想要和緩緊張的氣氛，並且協助學生思考：內心壓力很大，卻能平心靜氣面對壓力的確不容易。但是學生仍然傻笑，有些手足無措。「沒關係，同學確實蠻緊張的，所以抗壓性很重要，對不對？」我發現只要麥克風靠近學生，學生就會非常緊張，所以決定暫時不再請學生個別回答，改由全班同學一起回答。「所以，母親在下雨天的時候壓力特別大，母親現在心情如何啊？」「焦慮、煩悶、憂愁、擔憂……」回答的聲音此起彼落。「母親為什麼可以平心靜氣的為孩子摺紙船？」「為了讓孩子開心！」「很棒！母親在煩亂憂愁不堪的情形下，為了讓孩子開心，仍然平心靜氣的為孩子摺紙船，所以這份感情美不美麗？」「美麗！」全班一起回答的壓力，顯然比個別回答的壓力小，聲音響亮多了。但是，如果學生只能依據老師的提問進行

回答，這種被動式的思考方式，沒有辦法提升學生自行分析文字訊息深層涵義的能力，以及從文本中找證據表達自己看法的展現。我認為小組合作學習可以適度地提供學生共同討論的機會，可以使學生更自在的進行主動學習與探索，並且聆聽、交流彼此之間不同的看法。經過各種想法的歸納統整之後，學生進行發表時應該可以更順暢、更完整。我心裡想著：開始進行分組合作學習吧。

（三）分組合作學習，提供互相討論、溝通協調、歸納統整、發表看法的學習機會

「同學們，如果你是作者，你這麼寫，你希望讀者看到母親的什麼人格特質？你覺得這樣的媽媽，是一個怎麼樣的媽媽？也就是作者洪醒夫筆下的母親，具有什麼人格特質？接下來要請同學四個、四個一組討論，要說明原因，例如：我們看到文章中的什麼字句，所以推論這位母親具有什麼特質。討論後，請將你們討論的結果，用藍色原子筆寫在A4紙張上。同學要自己分組，還是老師幫你們分組？」全班一致回答：「自己分組。」我尊重同學們的決定，確認每位同學都有組別後，開始進行小組討論。

小組討論時，我到各組巡視學生討論的情形，剛開始時，學生似乎不太熟悉如何討論，所以氣氛不太熱烈。我提醒自己稍微耐心等待、避免干預，盡量讓學生用自己的方式來進行討論。慢慢的，各組有同學開始發言了，我此時扮演的角色是鼓勵者、支持者、從旁協助者，而主導權在各組的學生手上；我只依照各組的討論狀況，給予適時的提醒。在討論的過程中，我看到討論氣氛越來越熱烈，討論出來的特質也相當多，各組自然而然出現了意見領袖。看著同學討論出來的特質眾多，發表時可能會過度紛歧，時間也會拖延太久，所以我下

達指令，請各組同學進一步從剛才討論出來的特質中，圈選出最令各組佩服，母親最重要的一項特質，並且說明原因。

等各組同學都討論的差不多了，我邀請各組上臺報告討論結果：「有沒有哪一組自願先起來報告？先報告比較好哦，太慢舉手，想說的話，都被別人說完了。」同時有四組同學舉手，我先邀請最前面的女同學上臺發表。「各位老師同學大家好，我們以煩亂憂愁不堪對比平靜和氣做出一個結論：作者的媽媽是一位以小孩為中心，可以放下擔憂的事，專心陪孩子的好媽媽。最重要的是以小孩為中心，因為現在有些媽媽都以工作為主，常常忽略小孩，使小孩感受不到母愛。謝謝大家。」報告結束，全班自動給予熱烈掌聲。「好棒，同學很有禮貌，報告的很好，這組提到一個很重要的詞：對比，這是一種很重要的寫作手法，煩亂憂愁不堪對比平心靜氣，凸顯出兩者之間的落差，很好。還有哪一組要報告？」

接續上來一位男同學報告：「我們這一組覺得母親最重要的人格特質是——即使遭遇到任何困難，都能用平心和氣的心態去面對。我們是以『母親心裡煩亂憂愁不堪，但她仍然平靜和氣的為孩子摺船，摺成比別的孩子所擁有的還要漂亮的紙船』這段敘述所做出來的推論。」聽到前後兩組報告的同學，雖然都挑出「母親心裡煩亂憂愁不堪，但她仍然平靜和氣的為孩子摺船，摺成比別的孩子所擁有的還要漂亮的紙船。」但是看到的母親特質卻不同。一組看到「以小孩為中心」的母親特質，一組看到的卻是「即使遭遇到任何困難，都能用平心和氣的心態去面對」的堅毅特質，我的內心雀躍不已。同樣的文字敘述，確實可以激盪出讀者內心深處不一樣的聯想啊！

接著上臺的兩組依序報告：「我們這組討論的結果是——由此段可以看出那雙粗糙不堪、結著厚繭的手摺出一艘艘紙船，讓孩子在雨天也有笑聲；也許那雨一下就是十天半月，農作物有被淹死的可能，

母親仍然平靜和氣的為孩子摺船，摺成比別的孩子所擁有的還要漂亮的紙船。我們看出母親對孩子的關愛，把孩子看的比任何事物都還要重要。」「他的母親非常堅強，因為文章最後一段有提到作者希望能以母親的心情，為子女摺出一艘艘未必漂亮但卻堅強的、禁得住風雨的船。」

經過小組討論之後，同學報告的內容不僅重點明確、言之有物，而且完整度明顯優於個人的答案。報告的同學已經提到第五段的內容，而第四段的討論也相當完整，所以我決定把同學的討論做個小結，然後進入第五段。

（四）提問、追問、澄清的過程，建立文意思考的脈絡

「剛才同學有提到媽媽的特質：以孩子為第一優先考量，媽媽平時工作很辛苦，但是她以堅強的意志力去面對人生的困苦，樂觀、正向、積極的去面對生活中的各種挑戰……。請問媽媽對作者會不會產生影響？」「會！」同學異口同聲、響亮的回答。「產生哪些影響？請問同學相關訊息在第幾段？」「第五段。」「跟第四段一樣，請同學默讀第五段，不發出聲音，自己安靜的閱讀，然後圈選出母親對作者的影響相關訊息，然後我們再來討論作者怎麼表達對母親的愛？」我耐心的等待同學圈選重點。

「有誰可以說一說，你圈選了哪些字句？我們邀請剛才沒有發言的同學來說說你圈選的字句。」同學上臺念出：「自然不再是涎著臉要求母親摺紙船的年紀。只盼望自己能以母親的心情，為子女摺出一艘艘未必漂亮但卻堅強的、禁得住風雨的船，如此，便不致愧對紙船了。」同學幾乎整段都畫了線，我請同學將關鍵字句聚焦在作者的盼望上面，同學回答：「以母親的心情，為子女摺出一艘艘未必漂亮但

卻堅強的、禁得住風雨的船。」我進一步的追問:「請問母親的心情
是什麼心情?」「為孩子摺出紙船的心情,為孩子奉獻、帶給孩子
快樂的美麗心情。」「作者希望能為子女摺出一艘艘未必漂亮但卻堅
強的、禁得住風雨的船。請問同學,在人生中風雨可以象徵什麼?」
「挫折、困境。」「所以把字詞替換之後,就是為子女摺出一艘艘未
必漂亮但卻堅強的、禁得住挫折、困境的船。為什麼句子前面要加上
未必漂亮四個字?平常什麼情況會用到未必漂亮這四個字?」「不怎
麼華麗的。」「不怎麼華麗會形容什麼?」「外表樸素!」「除了外
表的樸素,還可以形容什麼?」「家裡的經濟。」「家裡的經濟狀況
如何?」「不一定很有錢!」「那妳覺得一個家最重要的是什麼?」
「家人的愛。或許物質條件不一定很好,但是因為有家人的愛,所以
讓這個家充滿溫馨、充滿美麗。」「我們再進一步的想想看,作者怎
麼表達對母親的感謝?」「便不致愧對紙船了。」有一位女同學大聲
地回答。我繼續追問:「怎麼做才會不致愧對紙船呢?」「希望能跟
媽媽一樣為孩子摺船。」「也就是和媽媽一樣,一心一意的為孩子著
想,帶給孩子快樂的心情,是嗎?」「是。」「所以,你認為洪醒夫
怎麼表達對母親的感謝?」「期許自己把這份愛傳遞下去。」經過追
問、澄清的過程,同學找出了把愛傳遞下去的美麗感情。

(五)觀看影片並連結學生生活經驗,深化學生的情意感受

　　「洪醒夫的心中迴繞著母親美麗的感情,請問同學,你的身邊有
沒有圍繞著來自親人、朋友、師長,美麗的感情呢?我們先來看一小
段影片,體會影片中的人物感受到的美麗感情。一分鐘影片觀賞後,
請同學發表,你看到什麼美麗的感情?」播放一小段關於父親為女兒
無怨無悔付出的電視廣告後,帶領同學思考:「看完影片,同學有沒

有深深的受到感動？請問影片中的主角，體會到什麼美麗的感情？」
「爸爸的愛！」「爸爸對她的付出是什麼？」「爸爸籌錢讓她出國留
學。」「影片中說她終於發現，這些錢是怎麼來的？」「是爸爸用他
的歲月，用他老花的雙眼換來的。」「影片中的女主角當她有能力的
時候，她想要做什麼？」「為家裡付出。」「所以，不管是爸爸或者
女主角，都有著一份美麗的感情；我們身邊圍繞著許多美麗的感情，
就看你有沒有仔細的去感受。」

　　「我們來想一想，是不是有許多美麗的感情，圍繞在我們身邊？
我問我的女兒：妹妹，妳怎麼知道爸爸很愛妳？她說：我做錯事的時
候，爸爸都不會罵我，他會給我機會改過，所以我知道爸爸很愛我。
我問我的小兒子：你看到什麼東西的時候，會想到媽媽很愛你？他竟
然回答：肉包子！天哪，我嚇了一跳！是因為我的身材圓滾滾的像肉

授課提問：「這一節課我學了什麼？」

包子嗎？還是媽媽的愛很有料，就像肉包子一樣的飽滿？他說啊，是因為媽媽平常都很忙，但是都會利用週末假期的時候，做他愛吃的肉包子給他吃，所以他知道媽媽很愛他。所以啊，我現在做肉包子的時候，心情都非常愉快。我又問啦，那你怎麼知道你的同學很愛你？有沒有人要先說說看，你怎麼知道你的同學很愛你？同學先說，我再告訴你們我兒子的答案，看看你們的答案有沒有一樣？」「不開心的時候，同學會在旁邊給我勇氣，幫我加油、打氣！」「答案一模一樣啊！老師的兒子也是說當他不開心的時候，朋友都會陪他聊天，幫他加油打氣。那我就很好奇了，爸爸、媽媽都不會幫忙加油、打氣嗎？他說那不一樣啦，我說的你們聽不懂啦！怎麼會聽不懂呢？其實父母一定都聽的懂啦！」我藉由身邊的實例分享，希望能帶動學生思考自己的例子。

看著同學猶豫不決，我再提問：「有沒有同學要說一說，你怎麼知道你的老師很愛你？老師太多了，一下子很難想，我們縮小範圍，你怎麼知道你的國文老師很愛你？」「他常常認真上課，給我們一些重點。」「認真上課，給你們一些重點，所以你發現，老師怎麼愛你們？」「希望我們變更好。」「所以，老師希望你們變更好的這個心，讓你知道老師很愛你們！」「還有同學要發言嗎？」「當我們做錯事的時候，老師會給我們適當的斥責。」「給你一個機會，真心大告白，趁這個機會向你的國文老師表達一下感謝！你會怎麼說？」「老師，謝謝你！」「如果有一天，你當了老師，你要怎麼愛你的學生？這位同學，你會不會更大聲斥責？」「不會啊！」「那你會怎麼做？」「像國文老師一樣啊！」「你要不要模仿一下國文老師的樣子，我好想知道怎麼樣的斥責，會讓學生很感動？可以讓我練習一下嗎？我很想學怎麼斥責，會讓一個人很感動？」「老師的聲音很難學。」「沒有關係，那你說一下你的感動點在哪裡？你做了什

麼，然後老師說了什麼？」「寫作文的時候，如果文法有錯誤，老師會告訴我要改正。」「你寫錯的時候，老師告訴你哪些地方要改正，是嗎？」學生猛點頭。「這樣叫斥責嗎？可見你很愛你們老師，我們很愛的人只要說了一點點話，我們就會覺得他在斥責。所以你們老師說了一點點提醒的話，你就覺得他在斥責你，可見你很愛你們老師。就像我煮好飯菜端上桌，如果老公說這個菜好像有一點點鹹，我就覺得他在斥責我，所以下次不煮了，叫他自己煮。可見我們越在乎這個人，就越重視他說的話。」

「我們再想一想，平常為你付出最多，一直陪伴在你身邊，最關心你的人就是你的親人。請問，你的親人做了什麼事，會讓你覺得他們很愛你？爸爸、媽媽、爺爺、奶奶、哥哥、姊姊、弟弟、妹妹都可以。」「生病住院的時候，他們在旁邊一直陪伴我。」「生病住院的時候，他們一直無怨無悔的陪伴著你，所以讓你覺得爸爸、媽媽很愛你。還有其他同學要說說看嗎？」「我想學才藝的時候，他們就會支持我。」「你學了哪些才藝？」「鋼琴、跳舞、長笛。」「哇，真不少耶，鋼琴、跳舞、長笛，這個要支持，必須要有經濟能力。所以，像老師想買包包的時候，這個包包就要捨棄不買了。還有其他同學要發言嗎？」「爸爸都會陪我讀書到三更半夜。」「爸爸會陪讀，那如果你數學不會的時候，怎麼辦呢？」「問爸爸！」「英文不會的時候呢？」「問爸爸！」「地理不會的時候呢？」「問爸爸！」「哇！你的爸爸是全才啊，太厲害了，老師自嘆不如啊！老師數學不好，所以小孩子問我數學的時候，我的答案和你一樣——問爸爸！」

（六）體會圍繞在自己身邊的美麗感情並了解父母對孩子的影響

「同學都感受到圍繞在自己身邊的美麗感情了，如果有一天，你當了爸爸或媽媽，你會怎麼愛你的孩子？」「模仿爸爸。」「模仿爸爸的什麼？你最想模仿爸爸的什麼特色？」「好的頭腦。」「怎麼做才會有好的頭腦？」「用功讀書。」「所以，有一天你當了爸爸，會希望孩子做到什麼？」「好好讀書。」「所以，如果有一天，你們當了爸爸或媽媽，你們會模仿父母對你們的愛。請問作者將母親對他美麗的感情，展現在哪裡？」「對孩子的期盼。」「期盼孩子做到什麼？飛黃騰達？還是期盼給孩子什麼？」「堅強的人生觀！」「對，媽媽這麼樂觀、積極、堅強的面對人生的困境，這種人生觀多麼的美麗，是不是要傳承下去？」同學們一致點頭。

請同學回顧：今天這一堂課，你學到了什麼？同學回答：「遇到困難要勇敢面對」，還有「美麗的感情」。「請同學說說看，什麼是美麗的感情？可以用作者的角度來說，也可以用自己的角度來說。」同學依序回答：「希望孩子不要為母親擔憂，可以快樂的成長，這是一種美麗的感情。」、「父母對子女的愛。」、「內心明明憂愁不堪，但是還可以平心靜氣的為孩子摺紙船，這是一種美麗的感情。」、「所以，各位同學，當我們感受到生活中圍繞著那麼多美麗的感情，我們會覺得這個世界如何？」、「開心、美好、溫暖、感動、偉大……」、「勇敢也是一種美麗的感情，雖然今天同學們和作者的母親有一點點雷同：內心煩亂憂愁不堪，大家都很緊張，但是你們都很努力的面對，想要把自己最好的一面呈現出來，老師覺得這就是一份美麗的感情。希望今天這一堂課沒有嚇到你們，同學們今天都表現得很好，請同學給自己一些掌聲，也用我們的掌聲謝謝今天所有

與會的貴賓！我們的課程就進行到這裡，謝謝同學們，也謝謝大家，今天的課程到此結束，下課！」

三　授課後的反思與建議

　　教學觀摩結束後，心中的一塊大石頭落了地，心跳終於恢復正常了。從接收到教學觀摩的任務到完成「紙船印象同課異構」的課程，大概一個月的時間。這段期間對我而言，實在是既擔心又期待——擔心沒有公開授課經驗的自己，無法淋漓盡致的展現出臺灣近幾年來的教學改變；但又滿心期待，可以親眼看到兩岸不同的教學風貌展現。一個月的準備時間，滿腦子縈繞著授課文本〈紙船印象〉的內容，還有各種教學理念如何結合課程設計的想法。至於自己日常生活的存留印象，可以用「食不知味，睡不安寢」來形容。

　　為什麼會那麼緊張呢？因為教學觀摩和平常上課，難免存在著一些差異，例如老師和學生第一次接觸，自然會有陌生感；而現場有這麼多眼睛盯著學生看，他們難免會慌張。所以，在課程開始的時候，如何先舒緩學生的緊張，拉近老師和學生之間的距離，增進彼此之間的互動，讓學生把最好的一面呈現出來，是第一個問題。我建議將來如果臺灣要推展類似的活動，教學的空間可以考慮盡量降低與平常上課的差異性，減少眾多觀課老師帶給學生的壓力，這樣應該會有助於學生的臨場表現。

　　第二個問題是時間的限制以及課程內容的取捨。紙船印象這一課，我大致上將它分為三個部分：第一個部分是玩紙船遊戲的場景描摹，以及作者在玩紙船遊戲時，所感受到的真正的快樂。第二個部分是印象的分類，以及紙船在作者心中的特殊印象。第三個部分是母親美麗的感情以及作者對自己的期許。

　　我平常上課的內容是從紙船遊戲出發，讓學生先感受作者文中所說的「真正快樂」，然後再連結紙船帶給作者的印象，以及從中領悟到母親美麗的感情和作者對自己的期許，總共需要兩節課的時間。這次因為教學觀摩的時間只有四十五分鐘，我又希望能夠讓學生進行小組討論，所以最後決定只選取——美麗的感情這一條課程軸線來呈現。平常在課堂中，如果要激發學生互相合作、主動發表的口說能力，我認為同儕之間的討論、對話的機制必須被啟動；要提升學生閱讀的思考能力，提問、追問、澄清、修正等步驟必定不可缺少。但是，這些都需要時間的醞釀，才能讓學生有互動、思考、咀嚼、沉澱的空間。在四十五分鐘的限制下，進行小組討論的時間仍然太過匆促，這是我覺得可惜的地方。如果有兩節課的時間來完整呈現整套課程，我認為課程的完整度以及學生思考、統整、發表能力的展現會更棒！

　　在課程教學方面，我原本想要盡量呈現以學生為主的學習，所以在課程一開始就以學生提問為出發點，希望進行學生學習難點及疑點的梳理。但是，很顯然的，學生在課堂中無法展現出自行提問的能力，終究仍然是以老師為主導，帶領學生進行閱讀與情意感受融合的學習，我認為學生自我提問能力的培養，是未來可以繼續努力的方向。

　　此次教學的課次——〈紙船印象〉，是一篇散文，是作者自己真實情感的表現，所以希望學生能深入探索作者對母愛的感念以及對自己的期許；更希望學生能將閱讀的感受帶回自己人生情感的省視，體會圍繞在自己身邊的各種美麗感情，並且了解自己未來對身邊的人、事、物，所能付出的努力。因此在課程進行中，我讓學生先從文本中，找出與母親美麗感情相關的訊息，進而思考這份感情：美麗的地方在哪裡？作者如何來書寫這份美麗的感情？在課程中，雖然學生的表達內容比較簡短，但是大致上都能依據老師的提問，逐步讀懂文

意，還能了解作者怎麼寫，這樣寫有什麼好處。

　　課程開始進行時，學生各個神經緊繃，看得出來他們有強烈的參與動機，卻緊張萬分。還好，隨著課程逐步進行，學生臉上的笑容越來越多。接著讓學生以小組討論方式，體會作者母親在艱困的環境中，堅忍、樂觀、正向面對人生的毅力，以及一切以孩子的快樂為優先考量的用心和愛心。從學生專注而熱烈的討論過程，以及討論之後上臺發表的內容，明顯看出比個人問答以及全班一起回答時完整、精準、充滿令人驚喜的想法，我個人覺得是整個學習過程中，學生表現最精采的部分。當學生在互相討論的過程中，能推論出作者筆下母親的特質，我相信他們已經融入文本中，融入作者的內心世界，去思考文本了。而且在小組討論的過程中，課堂的樣貌不再是老師鉅細靡遺的在講臺上，聲嘶力竭的傳授知識；而是引領學生、協助學生，進行主動學習、思考探索的活動。此時，學生是教室學習的主人，教室是孩子展現自我的舞臺。這個過程帶給我深刻的體悟：如何讓學生在學習的過程中，找到學習的方法、助力以及學習伙伴，讓學生持續擁有學習的熱情，培養與他人溝通協調、合作分工的能力，是老師們在課堂中重要的責任以及使命。

　　閱讀人性的真善美是一種享受，也是陶冶學生情意的良好途徑。此次除了文本閱讀，課程中還加入一分鐘影片的欣賞，並且連結學生的生活，引導學生將所得到的感受，內化為自己行為的一部分，練習說出心中的感受。在發表的過程中，明顯感受到學生比較不習慣用行動或言語表達內心想法，所以，口語表達能力比較弱。建議老師們可以在平時的課程進行中，加重個別發言、團體提問到小組討論、上臺發表的比例，讓學生有更多展現口語表達的機會。

〈紙船印象〉兩岸教學觀摩研討評課紀錄

吳韻宇[*]

一　緣起

　　任何緣起的曾經，就會有下一次更精彩的期待⋯⋯

二○一一年四月　上海、寧波、杭州

　　兩岸教學對談交流，其實在小學階段已行之多年，如「兩岸四地小學語文會」教學交流活動等，但在中學部份卻遲遲未見起步。二○一一年四月在臺灣國立臺北教育大學孫劍秋教授帶領下，中學語文教學交流終於順利邁開步伐。當時由現今苗栗縣林孟君校長及桃園縣吳韻宇老師與上海、寧波、杭州特級教師進行教學觀摩交流，雙方互動良好。兩岸教學雖互有異同，但語言、情感和能力三方面均有著共同追求，當時即期許未來能增加互動聯繫的機會，藉由研討交流、學習

---

* 吳韻宇，桃園縣國教輔導團國中國語文團員，國科會「國際閱讀素養學習與評量計畫」研究員。曾任教育部中央團課程諮詢輔導教師，並獲語文類特殊優良教師、師鐸獎教師。多年致力語文教學研發，教學心得發表──〈文訊雜誌·閱讀策略與範文教學〉、〈國文天地·以比較閱讀教學示例談兩岸語文教學之異同〉、《聯合報》基測作文專欄執筆等。並擔任「基測高分看華視」教學節目主講老師、教育部有效教學「翻轉課堂新詩教學實驗」影片建置拍攝教師。

上海建青實驗學校　　　　　　　　　杭州市保俶塔實驗學校

借鑒等方式，加強雙方聯繫，開放彼此視野，激盪更多教學想法。

二〇一三年十一月　　臺灣與上海

　　配合教學新世紀的到來，國立臺北教育大學孫劍秋教授及所屬閱讀教師團隊，不斷研發推廣閱讀與評量素養教學能力，並為延續兩岸教學交流，與桃園縣國教輔導團國中國語文團隊合作，進行國科會「符合15歲國際評量規範之閱讀素養學習與評量雲端平臺」計畫兩岸教學觀摩研討交流活動。雙方以「洪醒夫〈紙船印象〉」作為文本單元（詳見附件文本），採「同課異構」觀課模式，除了桃園縣輔導團代表與上海特級教師代表的教學觀摩外，並有兩岸教學專家的點評講解，以期透過專業對話，精進彼此在閱讀教育上的教學。

二〇一三年十二月　　臺灣桃園

　　冬雨綿綿，微冷。十二月九日當天桃園慈文國中異常熱鬧，隨著兩岸知名教學專家學者──國立臺北教育大學孫劍秋教授、臺北市立大學余崇生教授、上海師範大學李海林教授、王榮生教授、寧波市教育局褚樹榮教授、寧波市北侖區外語學校劉飛耀校長紛紛抵達，校

慈文國中王冠銘校長帶領團隊歡迎

桃園縣教育局吳林輝局長與貴賓合影

園更見光彩繽紛。兩岸教學觀摩交流由桃園縣國中語文輔導團員蔡淑梓老師與上海李海林教授帶來兩節公開展示課。課後由上海王榮生教授、寧波褚樹榮教授，與我方桃園輔導團召集人陳麗捐校長、輔導員吳韻宇老師進行評課教學研討交流。雙方共同的語言、共同的文化，表達著共同的追求；不同的設計，不同的呈現方式，演繹著相互激盪的精彩。

二　評課前準備

　　所謂評課，就其字義，即是在評價課堂教學，可視為觀課活動後的教學延伸研究。從課程內容中有所發現，有所討論，發現課堂教學的得失，但不針對授課教師個人做批評，而是從教師教學內容、學生學習角度去觀察去省思，對課程教學有實踐反思意義，也是推動教師專業發展的有效方式。

　　筆者此次亦參與公開課後的評課討論，除了對評課概念有基礎認知外，評課前亦須對課程文本有所瞭解，以下就針對課程文本討論、評課概念、教學觀課表做說明：

（一）文本討論分析：

此次教學文本為臺灣作家洪醒夫的作品〈紙船印象〉，選自《懷念那聲鑼》一書，屬回憶懷舊小品文，也是臺灣七年級教材選文。作者藉由兒時玩紙船的回憶，思念溫暖無私奉獻的母愛。以下為筆者以心智圖呈現的文本分析：

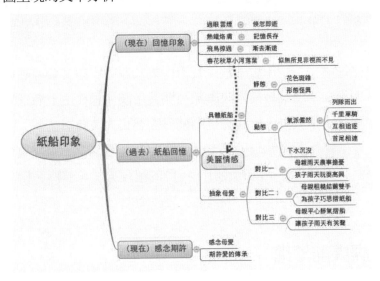

分析文本後，筆者再從文本形式、文本內容、文本特質三方面去探討：

1 文本分析

本文以倒敘手法寫出對往事的回憶追念，很適合學生分析架構練習仿寫。首段先對往事的印象做分類說明，主論敘寫小時候的紙船回憶，帶出對母親的感懷追念，最後再抒發自己已過而立之年的感受。文本結構明晰清楚，學生對文章脈絡容易掌握，筆者的學生在課堂上也曾利用分組討論方式，以心智圖做此結構梳理練習，如見附圖。

2 文本內容

　　本文從首段對記憶的印象談起，再帶至童年的回憶，由童年再聚焦到紙船的回憶，再藉由紙船連結至母愛，由廣至窄，由具體到抽象，由現在回到曾經，再由過去時空拉回現在，層層推演，卻又主軸緊扣。在課程處理上，我會關注以下問題：

（1）作者首段所提及的往事印象，與全文有何關連？

（2）作者如何描述玩紙船時單純的快樂？這樣玩有何樂趣？

（3）玩紙船的樂趣學生容易體會，但教師要如何讓學生感受複雜細膩的母愛？文中有諸多對比寫法來表達「美麗的情感」，要如何引導學生從文本中發掘？

（4）作者為何用「美麗」來形容情感？與首段對回憶的印象有何關連？

（5）文章末段的處理難度甚高，以七年級孩子的情感如何感受作者成年後的感受？

（6）本文文題為何不是「紙船記憶」或「紙船回憶」？為何是「紙船印象」？「記憶」與「印象」有何差異？

3 文本特質

　　任何文本都應有其文章體裁的特質，本文依事抒情，學生自然需理解文中描述了什麼事？寄託了什麼情？理解文本不難，但還要讓學生感受文本中所傳達的意涵，更進而能體會父母對自己的付出，表達對父母的感謝。故能理解文意是認知層次，運用寫作手法是技能層次，但更高層次則是情意引導，體現與實踐。

　　這是觀課評課前準備工作，筆者先分析文本的重點、難點與疑點，並也設想自己如何規劃課程、安排層次、運用何種教法？屆時可在觀課時做一對比。

（二）評課概念認知

　　評課是課程教學的延伸討論，但要觀什麼？看什麼？發現什麼？在教學進行時應有其重心，以下引用自上海師範大學王榮生教授[1]《聽王榮生教授評課》[2]一書內容：

> 觀課評課的角度，首先要落實到「教什麼」上。教學內容與教學方法是兩個側面，觀課評教的角度既可以從先怎麼教、再怎麼教、後怎麼教的角度去考察，也可以從先教什麼、再教什麼、後教什麼的角度來審視；既可以側重在教學方法，也可以側重在教學內容。在目前情況下，對語文教學來說，

1 　王榮生教授，浙江大學文學碩士、華東師範大學教育學博士。研究方向：語文課程與教學論，語文教師專業發展。現為上海師範大學教育學院教授、博士生導師、博士後合作教授，上海師範大學語文課程研究基地負責人。著有《語文科課程論基礎》、《新課標與語文教學內容》、《語文教學內容重構》、《聽王榮生教授評課》、《求索與創生：語文教育理論實踐的匯流》等。

2 　王榮生：《聽王榮生教授評課》（上海市：華東師範大學出版社，2007年）。

　　我們以為教學內容更為重要、更為關鍵。一堂語文課，如果
教學內容有問題，或者只有在考試的試卷上才有用，那麼教
師的教學再精緻、再精彩，課堂的氣氛再熱絡、再活躍，價
值都極為有限。

　　換言之，一堂好的課程，在規劃教學的起心動念非常重要。這樣
的教學內容對不對？是否有其講授的價值性？內容正確了，接下來才
能討論教學目標的設定是否合理適性？在教學流程上是否緊密圍繞教
學目標？以及教師在教材的處理上是否掌握了重點，解除了學生的疑
點，突破了學生的難點？

　　此外，教學的有效與成功，端看學生的學習成效，在課程實踐轉
繹中還須從「教師的教學」過渡到「學生的學習」，教師空有再好的
教材析理能力，教學脈絡主線設計再精緻，若無法引發學生學習興
趣，對應學生學習角度，所有課程都是枉然。在教學時，如何以學生
為學習主軸，設計多樣性的教學方法，時時照應學生課堂反應，師生
互動是否活絡，便是建構課堂教學設計的靈魂。故評課著眼下列二項
重點：

1. 教師的教學內容是否適切？課程設計脈絡層次是否明確？教學流
程是否扣緊教學目標？
2. 是否營造互動的課堂氣氛？是否有適當的學生學習活動？學生的
學習是否為課程重心？教學能否達到目標成效？

（三）教學觀課表

　　為了讓老師們在觀課時能更集中有效地分析對應的教學技巧，在
觀課評課前亦應確立課室觀察的重點。透過課室教學觀察，促進教師

於公開課中觀察反思，建立一個教學互動的分析架構。

　　此次兩岸教學觀摩研討交流，桃園縣輔導團由召集人陳麗捐校長統籌帶領，共同討論觀課表的觀察向度，並參考孫劍秋教授、鄭圓鈴教授的觀課記錄表、以及近來新推動的分組合作學習的觀察記錄，最後則參酌教育部教師專業發展評鑑的觀課向度，除明確的觀課重點外，亦包含個人自由性觀課評價敘述，如：課堂優點、具體改進建議，以期在學理依據中，讓觀課教師有所依循有所反思評鑑。（詳見附件一）

三　評課中的發現

　　此次教學觀摩交流，第一場先由桃園縣教師代表楊明國中蔡淑梓老師進行單元教學，第二場由上海市特級教師代表上海師範大學李海林教授進行授課。下方為兩人介紹：

蔡淑梓老師，桃園縣楊明國中專任教師，桃園縣國中組語文領域輔導團團員。曾多次榮獲全國閱讀教學設計及評量命題優等獎、九十八年桃園縣魅力教學特優獎、九十九年桃園縣教學卓越金桃獎、一○○年桃園縣師鐸獎。致力教學研發，著作多發表桃園縣《讀報園地》、《聯合報》好讀周報、《中國時報》校園大小聲專欄，並為《聯合報》作文比賽佳作賞析教師。

李海林教授，畢業於湖南師範大學中文系。曾任中學教師、校長，現任上海師範大學教育學院教授。浙江師範大學、華東師範大學兼職教授。出版《言語教學論》、《語文課程論稿》、《語文教學科研十講》、《李海林講語文》

　　以下即從兩位優秀教學專家的授課內容，依課室觀察表觀察向度之「精熟任教學科領域知識」、「清楚呈現教材內容」，「運用有效教學技巧」進行觀課評教討論：

（一）從教學內容分析
（觀察向度──精熟任教學科領域知識）

　　公開課聚焦在一個教學單元的呈現，故此觀察向度，筆者以觀課向度之細目「正確掌握任教單元的教材內容」來分析。一堂好的教學課程設計，來自好的教學內容，而正確的教學內容，則來自教師課前對文本教材的分析能力與獨到眼力，教師要先能意識到自己要教什麼？才能論及要怎麼教？怎麼組織教學方法？茲將兩位授課教師的文本分析內容羅列如下：

　　蔡老師的文本分析從教學難點切入，特別在文本閱讀中學生可能較難理解的部分著手，如：

　　　　第一段印象的分類中難句理解「像夏日的小河、冬天的落葉，像春花，也像秋草，似無所見，又非視而不見。」；第三段「我們所得到的，是真正的快樂。」何謂「真正的快

樂」？第四段「這種美麗的感情要到年事稍長後才能體會出來」，這種感情是什麼感情？美麗之處為何？動人之處為何？作者怎麼寫美麗的感情？第五段探討作者的自我期許為何？與母親的關聯性是什麼？紙船的象徵意涵為何？[3]

此外，蔡老師亦提出情意教學引導較難處理的部分：

除了文章句意的理解，如何加深學生對母愛的情意感受以及了解作者對自己的期許？如何進一步讓學生反觀自己，體會圍繞在自己周遭的各種關懷與愛？[4]

而李教授則在教學文本內容及文本形式寫作語言做剖析：

第一個層次，童年時紙船給「我」的快樂。第二個層次，紙船所寄託的母親的愛。第三個層次，成人後對母愛的深沉體驗與感悟。作者運用的語言，在質樸的中蘊含著一種淡淡的悲情，並兼含兒童的敘述角度與成人的敘述角度來完成。[5]

李教授另外再從學生角度做學習層次分析：

對文章第一個層次的內容，基本能把握。對第二個層次的內容，能把握到「母親的愛」的層次，但對於這種愛所包含的人生艱辛，可能會把握不到。對第三層次的內容，則很難意識到，主要困難是生活經驗和敘述角度知識的缺乏。對敘述性語言的把握要好於抒情性語言的把握；關鍵是對一些修辭手法的情感體驗。對事的把握要好於對情的把握；關鍵是不

3　引自蔡淑梓老師紙船印象教案。

4　同前註。

5　引自李海林教授紙船印象備課教材分析。

容易調動自己的生活經驗來領悟作者的情感。[6]

從兩位教師備課分析看來，兩人都在文本中強調了學生的學習。蔡老師指出教學難點，李教授從學生學習層次思考，且都將母愛的感受層次列為教學重心。但蔡老師從體悟作者情感推展至體會周遭他人的關懷，李教授則聚焦在母愛的情感經驗，這是兩人的差異之處。

（二）從教材處理分析（觀察向度——清楚呈現教材內容）

評析教師教材內容安排，除了看教者對教材的組織系統和處理手法外，還要看教學目標的制定和落實，教學目標是不是明確地體現在每一教學環節中，教學手段是否都緊密地圍繞目標。蔡老師在一開始授課時即以PowerPoint呈現教學目標，讓教者及學習者都有明確掌握的線索。李海林教授則是層層教學推演，明確架構出教學脈絡。兩人之教學目標與教學活動環環相扣，提供給所有觀課老師一次非常完美的示範。

蔡淑梓老師活潑生動的教學氣氛

望之儼然，即之也溫的李海林教授

6　引自李海林教授紙船印象備課教材分析。

在此處為求兩人課程脈絡設計比較，以兩欄式呈現不同設計手法：

蔡淑梓老師	李海林教授
【教學目標】 1. 統整文章主要訊息 2. 體會文中美麗感情 3. 省思周遭的各種關懷與愛	【教學目標】 1. 關注文本的語言特徵以提升對文本深層情感的解讀 2. 依據文本的提示，定向性地調動自己的生活經驗 3. 從兒童時和成年時這兩個不同的維度來領會母親的愛對作者的情感影響
【課堂結構】 學習動機引發（暖身小遊戲） ↓ 揭櫫教學目標 ↓ 教學活動一（第四段） 默讀圈選與美麗情感相關文句 ↓ 教學活動二 小組討論母親人格特質 ↓ 教學活動三 省思圍繞自己周遭身邊感情	【課堂結構】 學習動機引發（送紙船禮物） 提示作者成長背景 ↓ 教學活動一（第三段） 以語言節奏解讀玩紙船的快樂 ↓ 教學活動二（第四段） 比較詞意解讀母愛美麗的情感 ↓ 教學活動三 轉換角度體悟母親的心情 ↓ 教學活動四（第五段） 以教師立場解讀作者對母愛的體驗

以上為當日公開課時，兩位授課教師的教學脈絡架構，教學活動主軸都是從文本關鍵字句理解辨析，再帶至情感感悟。

觀課評課的發現：

1 有關文本訊息的處理

（1）蔡老師當天教學活動直接切入文本重心，要求學生默讀圈選第四段落中與「美麗的情感」相關的文句。第一個教學活動為解讀文本訊息，從文本去判讀「美麗」的情感？蔡老師捨棄傳統講授方式，讓學生自行挑選重要文句，再聚焦特殊字詞討論分析，由學生自行架構組織，表現精準到位。

（2）蔡老師第二教學活動則讓學生分析母親的人格特質，但此處學生未能清楚明瞭「特質」的含意，學生的討論仍在前次活動內容打轉，教師未能跳躍至另一層次的引導，殊為可惜。

（3）李教授對母愛「美麗的情感」，則採取比較手法讓學生體會文意（教學活動二），例如：為何用「美麗」不用「溫馨」？如果描寫媽媽的手省略「粗糙結著厚繭」有何差異？如果媽媽摺紙船省略了「平心靜氣」又會如何？再總結歸納「粗糙結著厚繭」代表媽媽的手，「平心靜氣」代表媽媽的心，兩者總和即是母愛「美麗的情感」。

（4）此外，李教授在講述「美麗的情感」前，先帶入第三段落中玩紙船「真正的快樂」（教學活動一），由孩子單純快樂的心思，對比母愛複雜卻細膩動人的情感，在教材鋪陳上較有連貫對比的系統。

2 有關體悟母愛的引發

（1）蔡老師的第三個教學活動——省思圍繞自己的身邊感情。讓學生體悟成人對母愛情感的感悟，此處原本就是文本最大難點，蔡

老師用心良苦，先播放一段關於父愛的影片，將本文母愛轉化成周遭身邊的關愛，連結自己的生活經驗。由母愛→師長的愛→朋友之愛，層層推演。但此處因過度延伸，失焦了文本主軸，建議在教學最末，能忠於文本，再回束文本處理則較為理想。

（2）李教授的第三個教學活動為轉換角度體悟母親的心情，為整體教學活動的最高潮。教者運用紙船學習單讓學生以母親的角度寫出感受，相當精彩。學生不再只是以作者的立場體會情感，而是利用文本，激活自己的生活經驗，設身處地寫出母親心中的獨白。最後在教師的鼓勵下，學生唸出自己所寫的內容，感動了在場所有觀課者。當閱讀理解完成，學生能將心中的體會表達出來，轉化成寫作能力，這應該就是一堂課程的最高境界了。

（三）從教學方法分析（觀察向度──運用有效教學技巧）

教學活動不是單一教師的「教」，還需加上學生的「學」，才是完整的教學歷程。換言之，教師除了明瞭自己的教學「教什麼？」，還須考慮「怎麼教？」才能達成教學成效。此次教學觀摩公開課中，兩位教者都有相似及個人特殊的教學方法，以下先以相同處說明：

1 建立溫馨互動的教學氣氛

蔡老師這堂公開課，笑聲不斷，從課堂一開始，她就運用些小巧思小活動，鼓勵學生踴躍舉手發言，讓原本素未謀面的師生，立刻拉近了距離；李教授更別具巧思，在課堂進行前，帶來初次見面小禮物──紙船。每位孩子在領到禮物的同時，收到了心意，建立了師生互信的基礎。一堂好的課程，師生是對等的關係，唯有教師心中有學生，課程才有互放的光芒。

2 善用提問教學方法

在師生互動中，兩位教者都跳脫傳統的灌輸講述方式，讓學生自主學習，去建構自己的思想體系。蔡老師會先讓學生發表，再從中挑取重要概念繼續追問，例如：「你說得很好，可不可以從中再挑出更重要的詞？」；李教授因為兩岸語彙使用的不同，學生一開始無法明瞭，但他不斷調整高度，轉換問句，例如：「這個問題有點難，我換個方式問。」「那麼我來唸，你們來找特點！」此時教學已不再是上對下的傳輸，而是師生為了學習某一主題經驗的「對話」歷程。

兩位教師又各有其不同的教學法，先以蔡淑梓老師說明：

（1）運用小組討論學習

蔡老師注重課堂學生表達，除了讓學生個人發表外，亦加入臺灣現今推動的小組合作學習，讓四人一小組，即使當天場地不利分組進行，但仍能流暢地使前後排學生進行討論，並分組發表報告。可見小組合作學習的意義不在座位形式，而是合作學習的精神。

小組討論學習

再以李海林教授課例說明：

（1）結合語言節奏，深入閱讀體會

李教授在解讀文本的第一層次──童年時玩紙船的快樂，特別注重語言特徵，藉由「ㄅㄤˋ ── ㄅㄤˋ ──ㄅㄤˋ ──ㄅㄤˋ」的輕快節奏，引導學生感受語言節奏的情感，感受作者運用排比句法所

傳達「真正的快樂」。李教授並搭配生動的肢體語言，示範朗讀時的
豐富聲情，使學生以另一種方式深入閱讀感受閱讀。但此處學生著眼
於文本形式的句法節奏，忽略了文本內容意涵，以致「快樂」的感受
未能到位，這是美中略有不足之處。

（2）結合創意學習單，教學設計有新意

原先的紙船小禮物，在李教授的第三個教學活動中，變成巧妙運
思的課程設計。同學打開各具特色的紙船後，在眾人驚呼聲中，舒展
開的的紙船，竟是一幅母親坐在雨中摺紙船圖像的學習單。李教授要
求學生設身處地思考，深入情境體會，模擬母親的心，寫下母親內心
的獨白。任何感性的基調，就應有感性的美感氛圍，此處李教授運用
的教學巧思，再加上個人的情感魅力，情感引導很成功，激發孩子
的感受力，讓現場觀課者同樣受到感觸，是一堂令許多人落淚感動
的教學。

李海林教授所製紙船教具

李海林教授與學生互動

總結評論：

　　示範一堂公開課誠屬不易，因筆者與蔡老師同為桃園縣輔導團員夥伴，有幸參與她教學設計的歷程。蔡老師多次調整教學設計版本，對文本認真細心的分析，令人敬佩。尤其在眾多教師觀課下，蔡老師清晰的口語，幽默自然的談吐，與學生親切溫和的互動，以及敞開教學大門開放學習的態度，已在當天為所有觀課的教師樹立最佳的典範。

　　而李教授的公開課更讓我們看到教師面對文本的一種虔誠態度，鑽入文本，對文本透徹分析，抓出文章的靈魂。在短短一堂課中，教學層次脈絡清晰，教學策略豐高，引導有條理，質量兼備。由表層「真正的快樂」進入母愛「美麗的情感」，再轉至「愛的傳承」，層層推演但緊扣文本發揮，這給我們時有失焦走偏的閱讀教學一大提醒；此外運用聲情節奏解讀文本，從不同敘述角度探討文本，也為我們上了寶貴的一課。

四　評課後的反思與建議

　　操千曲而後曉聲 觀千劍而後識器

（一）觀課學習的交流意義

　　轉換視覺的角度，就有思維的新路。兩岸語文教學有著共同語言文字、相似的文化背景，卻在不同的教育哲學下互閃著光輝。藉由彼此，發現盲點相互補強；藉由彼此，開放視野相互欣賞。期盼未來有更多兩岸語文教學觀摩活動，激盪更多的教學想法。

（二）觀課學習的實踐意義

目前臺灣正處十二年國教轉型中，許多專業研習沸沸揚揚地進行，教師面對政策性理論性的研習課程卻難以轉化感動。但在觀課中，透過觀摩學習、反思改變，進而調整僵化的教學模式，這是另一場更容易激動教師改變的深化研習。也建議課室觀察表更應符應教學新潮流，若能將有效教學策略與檢核指標融入其中，對教師活化教學，學生學習成果將更具指標性。

（三）觀摩交流後的震撼與火花

以下擷取一位參與教學觀摩交流的老師寫下的感想心得：

> 韻宇早安！星期一的觀課研習給了我許多能量，現在想起當日情景，內心仍激動不已！看到講授老師們靈活運用教法，讓學習變得更有意思。學生們更是一次拉高學習層次，開始試著內在的反思與分享，「切身感」讓課本內容與生活不再是兩條平行線，一切自然流暢。這堂課，讓我帶著滿滿的感動，重回教育現場，開始想著要如何改變。很謝謝您成就了一件美好的事！[7]

在教學觀摩現場的感動之餘，我們或許該思索的是震撼之後的火花如何延續？教學若單打獨鬥，將永是一條漫長孤寂的道路。當教師從觀課中看到感動，也將是行動的開始：走出自己的教室，看到更多不同的風景；也讓別人走入我們的教室，激活教學的春天。

---

7 引自桃園縣慈文國中社會領域范家嘉老師。

附件一

國科會「符合15歲國際評量規範之閱讀素養學習與評量雲端平臺」計畫
兩岸教學觀摩研討「教學觀察表」

授課單元：洪醒夫〈紙船印象〉　　　授課教師：

觀課向度及內容	值得推薦	表現良好	表現普通	建議改進
A 精熟任教學科領域知識				
A-1 正確掌握任教單元的教材內容				
A-2 有效連結學生的新舊知識				
A-3 結合學生的生活經驗				
B 清楚呈現教材內容				
B-1 說明學習目標或學習重點				
B-2 有組織條理呈現教材內容				
B-3 正確而清楚講解重要概念、原則或技能				
B-4 多舉例說明或示範以增進理解				
B-5 提供適當的練習以熟練學習內容				
B-6 澄清迷思概念，易錯誤類型；澄清價值觀，引導學生正確概念				
B-7 設計學習情境啟發學生思考與討論（小組討論、發表）				
B-8 完成每個學習活動後，適時歸納總結學習重點				
C 運用有效教學技巧				
C -1 引發並維持學生學習動機				
C-2 善於變化教學活動或教學策略				
C-3 教學活動的轉換與銜接能順暢進行				

C-4 有效掌握教學節奏和時間				
C-5 善用問答技巧（如提問、候答、傾聽、澄清、提示、轉問、深究、回應、兼顧不同層次問題、兼顧高低成就學生的反應等）				
C-6 使用電腦網路或教學媒體有助於學生學習（含教具、圖片、補充材料、網路資源；宜大小適中、符合需求、內容正確）				
C-7 根據學生個別差異調整教學（含個人或小組指導）				
D 善於運用多元學習評量				
D-1 適時檢視學生的學習情形（包括口頭或紙筆方式）				
D-2 依據實際需要選擇適切的評量方式（小考或家庭作業）				
D-4 根據學生學習狀況或評量結果調整教學				
E 應用良好溝通技巧				
E-1 板書正確、工整有條理				
E-2 口語清晰、音量適中				
E-3 教室走動或眼神能關照多數學生				
E-4 師生互動良好				
綜合意見				
1. 課堂優點： 2. 具體改進建議：				

觀察人員簽名：

觀一場精彩的兩岸教學交響樂

陳麗捐[*]

一　千呼萬喚始出來

　　二〇一二年春，隨中央課程與教學輔導諮詢團隊赴大陸進行「兩岸教學與課程深化參訪」，分別前往了上海、杭州、寧波等地，參與了幾場兩岸的教學觀摩，留下深刻的印象。

　　教學觀摩（觀課）的目的在於讓觀察者透過感官覺察，收集課堂資訊（課程目標、文本分析、教學活動設計等）及師生互動的情境，並藉由評課議課進行教學者與觀察者間的對話與反思，從而分享教學的能量，建構自身的教學體系，最終目的在提升彼此的教學效能、促進教師的專業發展。在交流互動的過程中，進行省思與學習，從而激盪出教學的能量、獲致專業的提升，並提高教師自身教學能力，以深化教學的改革。

　　在此次的參訪中，觀察到大陸教師於語文教學上能有效執行聽、說、讀（尤其是朗讀）、寫的訓練，在教學設計上重視提問技巧與學生反思批判力，對教學目標的分析能由學生本位為出發點，著眼學生的先備經驗，展開綿密的教學活動。課堂中學生的表現同樣令人激賞，尤其是對大陸學生口語表達能力深感讚佩。於此同時，一方面憂

---

[*] 桃園縣國教輔導團國中國語文領域召集人，龍潭國中校長。

心於當前臺灣學生的競爭力，一方面也深思臺灣的教育改革是否能有效提升學生的能量？

在臺灣傳統的教學現場中，鮮少具備相互觀摩交流的機會。教師們在自身有限的觀課經驗中，只能自行參透教學模式，而無法藉由同儕互動交流，激盪教學能量，快速提升自我的教學能力。

二〇一三年，桃園縣國教輔導團國中國語文領域團隊，參與了由國北師孫劍秋教授領導主持的國科會「符合15歲國際評量規範之閱讀素養學習與評量雲端平臺」計畫，有感於上海學生在評量中的優異表現（二〇〇九年及二〇一二年兩次的PISA評量成績均獲全球第一），應與教學現場的改變有極大的關連，因而想把大陸行之有年的觀課評課模式，引薦進臺灣，在目前風起雲湧的教育改革中，投入同儕學習的元素，希望能帶領教師透過良性的激盪，綻放璀璨的光芒。

這場可能對桃園縣教師產生巨大影響的教學觀摩活動於焉開展。感謝孫劍秋老師所領導的團隊，經過將近一年的籌畫與安排，此次深具意義的兩岸教學觀摩活動，終於得以閃亮登場。

二　未成曲調先有情

桃園縣國教輔導團得知這個訊息以來，先在內部掀起濤天巨浪。大陸特級教師的功力，我們早有見識。大陸教師有嚴密的教師評鑑分級制度。每位教師要由見習教師、二級、一級、中級、高級到特級教師，需歷經層層考驗與試鍊，對於觀課評課的機制，當然更是身經百戰。

此次前來的大陸特級教師李海林教授，已由中學教師被上海師範大學教育學院拔擢為教授，主持一個教學基地，負責培訓教師，語文教學的功力不言可喻，也是我們景仰許久的典範教師。反觀輔導團本

身，共同備課的觀念方興未艾，開放課堂的習慣才剛啟蒙。我們有的只是一股挑戰的熱忱，卻缺乏實戰的經驗。為此，如何推派出一位有膽識又有雅量的代表教師，迎接這份艱鉅的挑戰，真是煞費思量。

黑澤明在自傳《蛤蟆的油》中，回顧自己跌宕起伏的人生，他說：「我沒有把握使讀者讀我的東西一定感到有趣，但是我常對後生講：『不要怕丟醜』，而且時時把這句話講給自己聽。」

淑梓老師說：「我覺得可以不要怕丟醜，才能拆除心牆，自在的面對許多挑戰。人難免會犯錯，很多事也難免不盡如人意，不怕犯錯，不怕別人取笑，才能把更多的力氣放在面對問題本身。我很佩服能自在消遣自己的人，有時候這種類型的人，反而是最有自信的人。」

抱持著這樣的信念，淑梓老師突破了心魔，懷抱所有夥伴的祝福出征。身為國文領域輔導團的召集人，我以擁有這樣兼具識見與勇氣的夥伴為傲。我們在十二年國教教育改革的浪頭上，開始那零點零一的改變。

在一波三折中敲定同課異構的「演出曲目」——紙船印象，此時，已距正式交流時程不到一個月了。一方面進行著選定場地（慈文國中）與接洽安排等行政事務，一方面和團員們討論講義內容與教學流程設計等千頭萬緒的事情紛至沓來。感謝桃園縣教育局的鼎力協助以及慈文國中團隊的大力支持，我們終於有機會誕生這樣一場世紀教學盛宴。

三　大珠小珠落玉盤

兩峰交會的埡口，是風的故鄉，坐在此處，可以靜聽風吼。參與這場盛會的教師，應該和我一樣，在兩岸不同的教學哲思中，深自體會其中互放的光芒。

擔任這場兩岸教學觀摩交流活動的點評人，也是我的初體驗。如何在觀課的過程中，沉浸於師生互動的精彩，又能理性的抽離，觀照並梳理兩位教師的教學流程設計，於我是一大考驗。

此處僅就觀察所得的一點淺見，與諸位分享：

（一）觀課前準備

有效的觀課議課，應從觀課前的準備開始。觀課之前，教學者與觀課者共同備課，分析以文本為媒介，想要傳達的教學重點、介入策略，共同協商課程進行中觀課的主題。所以一場成功的觀課議課應建立在教學者與觀察者彼此的信任中。

此次礙於交流活動進行的時間場地，以及觀課人數眾多，未能讓教學者先行「說課」，而逕行教學活動。因此，先行研讀文本，理解學生的先備知識與教學目標，為個人先行之功課。

「教無定法」，對於同一文本的解讀，會因社會文化背景的不同，個人教學哲思的定位，而呈現不同的風貌。〈紙船印象〉在兩岸教師同課異構下，於動機引導、教學策略、教學活動設計、師生互動等各項表現，也會有所不同。

〈紙船印象〉一文為臺灣作家洪醒夫的作品，以紙船為情感媒介，抒發作者對母親慈愛子女的感念以及作者成長後對這種「美麗感情」的體悟與遷移。文章結構層次分明，在具象事物與抽象情感的相互對應中鋪陳出母愛。自行分析文本之後，再以此來對應授課者的切入點，領會各自不同的表述。

（二）課室觀察中的發現

第一堂課：授課教師桃園縣楊明國中蔡淑梓老師

　　蔡淑梓老師此次教學演示以母親美麗的感情、作者的自我期許，以及情意教育為演示範圍。教學目標主要有三：統整文章主要訊息、體會文中美麗的感情、省思圍繞在自己周遭的各種關懷與愛。

　　本次課程的主軸由文章第四段開展（詳見文本內容第四段）：

　　蔡老師藉由簡單的提問統整文章主要訊息——以紙船的印象導入母愛，進入所謂「美麗的感情」。學生默讀課文並圈選與「美麗的感情」相關的訊息（擷取訊息），並進行發表。接著導入分組合作學習模式，由每四人組成的小組進行討論探究並上臺發表。接著以一個短片的引導，感動學生並體會影片中呈現出的「美麗的感情」。再由貼近生活的個人體驗中，引領學生共同體會生活中許多細膩的情感。

　　課堂進行中，蔡老師以親切幽默的方式與學生建立初次見面的情感，緩解學生緊張的壓力。教師機智的言辭帶領，讓課堂呈現一種活潑生動的氛圍。學生回應以熱烈參與的態度，課堂中情感流轉真摯動人，令人欣賞。

　　這堂課有幾個重要特質：

1. 以學生為中心的翻轉課堂之實踐——試圖改變傳統以講授為主的教學形態，轉而更加強化學生主體的學習
2. 融入多元活動的課程設計——結合講授、提問、分組討論、口頭與文字發表、網路影片媒材，課堂節奏明快流暢。
3. 貼近學生生活經驗的親切課堂

第二堂課：授課教師上海師範大學李海林教授

李海林教授的課堂，在我拿到課程設計的當下，就驚歎於老師文本分析的精準到位。李老師將教材內容分析為三個層次：第一個層次，童年時紙船給「我」的快樂。第二個層次，紙船所寄託的母親的愛。第三個層次，成人後對母愛的深沉體驗與感悟。

〈紙船印象〉這一課，在臺灣是三家版本共選的通用教材，除了自身的閱讀，也看過不少夥伴對這一課的分析或授課方式，然而由敘述角度切入的詮釋方式從未細思，也不禁令我對李教授的課堂充滿期待。

李教授是第一次以臺灣學生為上課對象，但對學生先備經驗的分析也頗為充分：

1. 對文章第一個層次的內容，基本能把握。對第二個層次的內容，能把握到「母親的愛」的層次，但對於這種愛所包含的人生艱辛，可能會把握不到。對第三層次的內容，則很難意識到，主要困難是生活經驗和敘述角度知識的缺乏。

2. 對敘述性語言的把握要好於抒情性語言的把握；關鍵是對一些修辭手法的情感體驗。

3. 對事的把握要好於對情的把握；關鍵是不容易調動自己的生活經驗來領悟作者的情感。

這一堂課就由此為基點開展教學活動。

在上課開始李老師先以折好的紙船送給初見面的學生當見面禮做為課程導入活動。課程的進行以三個層次的情感體驗來鋪展。採用了講授、朗讀與參與式的活動方式，逐層導引學生體會文本意涵。

由課文的第三段開始（詳見文本內容第三段）：

李老師由紙船的表象導入文本解讀的第一個層次——童年時紙船

給「我」的快樂。在此處李老師引導學生注意語言特徵，感受作者使用幾個排比短句所形成的輕快節奏，以此導入「快樂」的感覺。李老師以生動的肢體語言，搭配朗讀時的豐富聲情，使學生體悟排比短句的語言特徵。

接著李老師請學生自行用別的形容詞來形容母親對孩子的愛，進一步領會「母親的心」，於此並帶領學生領會「修辭語」（母親的手粗糙不堪、結著厚繭；母親的心掛記農作，煩亂憂愁仍平靜和氣的折紙船）在文中的功能──藉此表現作者對母親艱辛的領悟（年過而立之後的領悟）。

在此，老師請同學打開課堂之初贈給同學的紙船，此處真是神來之筆，原來那一艘艘形色各異的紙船，打開之後其實是一張設計精美的學習單，背景是母親坐在雨中摺紙船的影像。母親在雨中的心情是如何？內心的獨白是什麼？請同學模擬母親的心，寫下對自己的一番話。

在情意的引導之後，打開紙船，去細細思量母親的情意，請孩子跳脫自己的既定思維，模擬母親當下的情誼，透過抒寫角度的轉換，而品味母親「美麗的感情」。以此達成「調動自己的生活經驗，領悟作者的情感」的教學目標。由學生發表的作品中去評量學生對文章中母親心境的深層體悟。

李海林教授所製紙船教具

文章最後一段（詳見文本內容末段）：

老師藉由引導學生自省的過程，轉換學習姿態，體察文本與讀者的關係。

師：「同學們猜猜，我讀這篇文章時最感動我的是哪一節？為什麼？」

提問方式嘗試讓學生以不同的角度來看待體味文本與讀者間的關係。

最後，老師再以童詩〈小紙船的夢〉對照〈紙船印象〉，藉此來說明不同的敘事角度（小孩vs成人），初步領會作者與文本的關係。

這堂課，李海林教授在說課時提出；學生由閱讀初感如何過渡到文本高度的層次設計，彰顯李教授對於文本分析的深厚功力。藉由語言的節奏、修飾語的功能、敘述的角度做為語文教學的重點，在散文的教學上能讓學生得以體味精準的語言表達及分享作者獨特的人生體驗。

這堂課有幾個重要的特質值得我們學習：

1. 融入聽說讀寫的語文教學：語文教學不外乎聽、說、讀、寫，一堂課中可以同時將語文教學的四項特質融入學生學習之中，尤其在朗讀課文的帶領上，以此領略獨特的語言節奏，實屬不易。

2. 精準的文本分析：將學生的經驗與作者的文本高度間，搭建層次分明的階梯，讓學生逐步領會「愛的傳承」。

3. 環環相扣的教學設計：設計精巧的紙船內涵是教師巧思規畫的學習單，前後呼應，讓具象的紙船過渡到抽象的「美麗的感情」，這一手真是精彩。

四 曲終收撥當心畫

一位好的教師是天生的演員與導演，這兩堂課，教師都以精彩豐富的肢體與表情，展現授課的功力，同時也設計了活潑的教學活動，帶領學生學習。其中蔡老師以學生經驗為中心的設計及李教授以語文

教學的核心價值出發的文本教學，各自展現不同的切入點。

　　而此次同行來臺的寧波外語學校劉飛耀校長，曾經對文本分析提出以下的建議：

1. 學生已知：這部份不要教，若把時間放在這部份是在浪費學生生命（這句話真是當頭棒喝！）。
2. 學生未知，但可透過自學得來：這部份也不用教，而是讓學生自行查找，採用預習單的設計可達成。
3. 學生未知，如何組織活動讓學生學會。
4. 學生即使組織活動仍無法學會，而需靠教師深入淺出的帶領解讀，這部份才是我們教師的重點工作。

　　以此檢視課程設計的重點，〈紙船印象〉一文，學生對於作者「年事稍長後所體會的美麗情感」，限於年齡與生活經驗，應難以體味。蔡老師希望藉由生活中其他的「感情」（如師生、朋友等）來過渡，或是以分組討論的形式來分析母親的特質，藉母親堅強的形象來映襯情感的表達，在活動操作中反而脫離文本主體的閱讀。李教授則採用以角色轉換，用「母親內心的獨白」方式，更能聚焦於「母親美麗的感情」的體會。

　　課程中的活動設計，都要以文本為主軸，不脫離語文教學的核心價值，才能真正直抵「有效教學」的目標。

　　再者，李海林教授附錄了上海語文教材初中一年級上學期的目錄（相當於臺灣七年級）與臺灣國文教材的對比，在課文題材的豐富性與教材深度上，都令人大為驚詫。上海學生的語文課一樣是每週五節課，每節四十五分鐘，由此可見上海學生在閱讀的質與量上都相當可觀，值得臺灣教師深思。

　　活動結束後，在桃園的教育現場，引發眾多的討論，同時，也讓習於單打獨鬥的臺灣教師，看見共同備課、觀課與評課所能展現的多

元教學姿采，應更能激發出教學的能量，增長自身的識見。這應該也是我們承辦此次兩岸教學觀摩交流活動最為期待能達成的效果。

期待這一回的活動是未完待續，讓這樣的交流在我們的內心發酵擴散，時時的觀照教學現場有意義的改變。

續一段美麗的感情

——兩岸（上海、桃園）同課異構教學觀摩研討紀實

卓馨怡[*]

　　雖然只是短暫的相遇，片刻的交會，卻已撩動許多老師內心深處隱藏許久的情感，重新激揚起教學的熱情和感動。一場兩岸教學觀摩研討，看到語文典範教學，期盼鼓舞老師尋求更高層次的教學專業、懷抱夥伴合作的襟懷、實踐開放課堂的行動力。

　　桃園縣國教輔導團國中國語文團隊與國立臺北教育大學孫劍秋教授及所屬閱讀教師團隊，一〇二年十二月九日共同在桃園縣慈文國中進行國科會「符合15歲國際評量規範之閱讀素養學習與評量雲端平臺」計畫兩岸教學觀摩研討交流活動。會中由縣

桃園縣教育局吳林輝局長致開幕詞

內教師代表楊明國中蔡淑梓老師與上海師範大學李海林教授以「同課異構」之方式，分別進行「洪醒夫〈紙船印象〉」一文之授課，並由兩岸教授與國語文專家進行課室觀察後的點評，在異文化觀點的激盪下，迸放精采火花，提供老師們諸多學習與借鑒。

＊ 桃園縣同德國民小學老師。

一 提升閱讀素養，跨越時空的文本分析

閱讀素養的提升是語文教學裡很重要的一環，而文本分析更是一種跨越時空的虛實理解與體悟，開啟師生進入一趟新的文化里程。幽默親和的蔡老師和沉穩從容的李教授在現有的時空範疇裡，設計了豐富完整的課程，他們帶領學生進入文本和一個作者心中的世界。

第一場的示範教學者為蔡淑梓老師，她將文本分成三大部分：玩紙船的場景、紙船印象、作者對母親的感念和對自己的期許，進而讓學生思考周遭圍繞著哪些美麗的感情。她充分結合了閱讀理解歷程並採用小組討論合作學習方式，以「美麗的感情」作主要的學習延展。「老師是引導者，孩子是課堂的主角，怎麼讓孩子願意去思考、去探索？」她期盼學生有所思、有所感，可以發表看法，老師不再是課堂上唯一的發言者。

此教學方式讓寧波市教育局褚樹榮教授印象深刻，「讀者並非是被動的資訊接受者，而是積極的資訊處理者。」國文輔導團召集人陳麗捐校長也表示，希望老師在教學演示中留一股空白，用減法思考，老師教少一點，學生學多一點，以學生為中心。課堂上蔡老師以學生的生活為背景，扣緊學生生活經驗進入文本的方式，使得師生互動自然、氣氛活潑，反應熱烈。她更是在提問和行間巡視時，關注到每位

蔡淑梓老師讓學生分組合作學習，激發學生的自主能力及更多元的思考

學生。

　　第二場的示範教學者為李海林教授，在課程設計的主軸上，他強調，閱讀教學的目標是讓學生能掌握作者的智慧和經驗。如何達到「讓學生的經驗可以提升至與作者的經驗基本持平的高度」？他提到「打開文本、激活經驗。」首先教師必須找到學生起始的學習位置，掌握學生的「閱讀初感」。教學中，他時而徐緩、時而強力的手勢，加上輕重有致、急緩錯落的語調，先帶領學生利用「語言的節奏」體會最靠近他們的經驗，繼而採「修飾性語言的作用」，告訴學生文中有很多細緻的地方要去注意，才能深層體會作者內心隱藏未言的感情，最後從生活的經驗中希望學生領悟文本與讀者、作者與文本的關係，再次重新回到對文本語言的關注。

　　李教授笑說自己很緊張，初次來臺便登場教學，汗濕衣裳。他提到「文本不但要讀語言，不但讀語詞的意思，還要讀文本本身的節奏和韻律」。除此之外，他對課程內容嚴謹有序、層次井然的安排，也讓在場的老師受益匪淺。

李海林教授對於文本分析深入嚴謹

授課過程強調讀者和作者的情感對接

二 散文教學要讓學生走進作者獨特的人生經驗、培養出人文關懷

散文體在中小學的教材裡一直占有較大的比例，〈紙船印象〉是篇抒情文，此次當作教學範文正好激盪兩岸的想法，體現異同。

上海師範大學王榮生教授點評時指出，「散文教學最難的部分在作者的經驗和學生感受到的經驗如何對接。」散文語言樸實，易讀也最難讀，語言和情感若要能融合，需喚起自我經驗，也要感受作者情感。散文教學的重點：「體味『精準』的語言表達，分享作者獨特的人生經驗。」要讓作者的經驗和學生感受到的經驗可以連結。從兩位老師的教學中，剛好看到不同的切入點：蔡老師是喚起學生的情感由經驗入手，在體會情感的前提下，再體會語言的表達。而李教授則從語言表達的某些特徵性入手，再延伸至情感體悟。但最後，兩位都將此兩者相互融合，希望學生能了解作者的情意和感受。

事實上，〈紙船印象〉最難的部份是內蘊情意的體會和省思。李教授表示，他心裡頭的緊張也是在這兒。文本是以成年人回頭看自己的往事，盡是回憶的氛圍和語調，這裡頭所包含的人生經驗和哲理，學生能不能體會？他們的反應足

文本裡母親煩亂憂愁，卻仍為孩子平靜和氣的摺紙船，孩子你能體會到這份母愛嗎

不足以讓他再做更高層次的引領？教學中能不能喚起或發現孩子內心的語文素養？要如何去演繹作者想傳遞的「美麗的感情」？他甚至秀出了自己的孩子的照片，告訴學生，「養兒方知父母恩」，當他有了孩子時，他才了解了父母的愛。

　　從兩位老師的課程中，可以發現，結合了知識性的文本分析和作者人生經驗所寓意的人文美學、精神及關懷，正是語文教學的最終理想。

三　找到文本的靈魂、學生的高度，才能有效教學

　　當有效教學的策略一再被提及，老師在忙碌的教學現場中是否有那麼敏銳的知覺或深刻感觸？老師要如何教？學生要怎麼學？從蔡老師和李教授的身上可以發現，兩位各擁專長且教學經驗豐富，但對於備課仍是煞費苦心、毫不馬虎。

　　蔡老師當日所呈現的教學設計活動是一改再改，歷經數十次修訂才拍板定案，因為她知道學生在可容納二、三百人的地方上課，一定很緊張，如何紓緩他們的壓力？她要如何在初次接觸這群學生的情況下，拉近與他們的距離，使他們願意發言？這些都需要適切的引導與循序漸進的內容編排。對於當天學生的表現，蔡老師覺得，他們表現最好的地方是在上臺發言的部份，經過小組討論再發表，內容的完整度和學生的想法都能清楚呈現，只要給他們時間，學生是可琢磨和鼓勵，也是老師可多著力的點。

　　李教授對於教學歷程的設計，層次縝密，極富學術性，除了做教材分析，連學生學習的部分也做了分析。他從未教過七年級的學生又不了解臺灣的狀況，所以他課前特地找了一些語文老師討論並先和一群臺商的孩子模擬演練，做足心理準備。課前他曾表示：學生永遠不會錯，如果學生課堂上表現的不夠好，一定是他引導的不理想，或沒有用其他的方式指引，老師應該要有好幾套的方法幫助孩子學習。

　　當天兩位老師對於學生的表現可謂循循善誘、親和有耐性，更是不斷給予學生鼓勵。「勇敢也是種美麗的感情！」他們希望帶領學生

進到文本的世界與文本和作者對話。當李教授希望學生描摹母親內心的細膩情感，寫下母親的獨白時，有位學生寫下了：「我不能讓孩子有壓力，我也不能讓孩子失去童年的快樂，這樣才有做到我的本份啊！」語畢，在場同身為父母的老師們不禁發出會心的一笑、掌聲響起。「愛孩子，讓孩子快樂，就是我們做父母的本份啊！」教授隨即應和。

另一位同學的主動發言，讓教她國文的吳韻宇老師頗感詫異，因為這位學生平時很害羞、甚少發言，今天在這麼大的場合，可以唸出「再怎麼的工作、養你，雖然換不到你的感激，但是我願意換得你的一點兒快樂，這樣就足夠了。」或許這是她的生活寫照，但，是否教授的鼓勵激起了她的勇氣？然而，她感同身受的話語卻觸動了在場的一些老師，感動落淚。

在這堂課裡，揮不去的淡淡傷感正是洪醒夫在回憶往事時的基調，從中讓人去體會人世真情的美好與珍貴，雖然以此般年紀的學生很難真正感受母親對子女的「愛的傳承」，但兩位老師都試著在僅有的時間裡連接起學生和作者的經驗，營造出文本和情境的感染力。這是語文教學成功的第一步，也是有效教學的本質。

四 找到觀課評課的意涵，喚醒現場教師的教學熱情與行動力

兩岸研討以課堂觀課的方式在縣內國中舉辦這是史上第一回，觀課最重要的精神是要看到學生的「學」，但此次的交流卻也深刻震撼了老師平日的「教」。

「有效教學不只是政策宣導，更該是讓老師看到未來，共創實踐。」負責策劃此次觀摩研討會的吳韻宇老師從國際學生能力評量計

畫（PISA）提及近年來國內談了很多的閱讀策略，甚至辦理多場十二年國教研習。只是老師是否能感同身受？體會教學要如何改變呢？與其只聽理論，不如看場實際教學，可以反思和政策面的對應性。就是這樣的一個想法讓縣內外二百多位老師有機會看到超水準的教學。她舉例，當李教授一開始上課便把摺好的艘艘紙船，當作禮物送給每一位同學，這樣的熱情和驚喜感染了孩子，甚至連觀課的老師都好想要艘紙船，無形中也就契合介入策略中的第一要素——「營造班級溫馨的氣氛」。

　　教書有著熟悉的場域，規律的步調，打破沉寂與平靜，有時只需一道如閃電般掠過的光弧。課程結束後的點評講解十分精彩，見著兩岸教學的優點，也提出建議與未來的思慮方向。有老師在看完觀摩後，內心的衝擊與感動難以平復，當看到教授創新活化的教學思維與模式，反觀對照自己一直倚賴備課用書之正確說解時，他「看見了被圍限與僵化的自己」，「理所當然與害怕說錯的心理，成為我們翻騰出新想法的沉重包袱。」他決定開始嘗試改變，改變那個耽於安穩的自己。最難能可貴的是，現場有很多非語文科的老師，一場把專業寓化於無形的觀摩，相信將裨益他們日後的教學。

　　很多的內心激動與滿滿的感動在結束後仍然在其他校園裡迴盪與發酵。很少有機會公開授課的蔡老師表示，希望可以鼓勵老師們藉由教師專業學習社群共同的討論、備課、分享與回饋，讓彼此更加成長與收穫。吳老師也懇切的說：「教學沒有最好，只有更好，希望每位老師都能開放我們的教室，隨時歡迎別人來觀我們的課，或走進別人的教室，學習別人的課。」

　　吳林輝局長當天也親自到場，他說，閱讀的指導在國文的教學是很重要的一環，校內老師必須相互的觀摩，提升自己教學的方法和技巧，他感覺兩岸在閱讀教學上對文本的重視度是有很大的差異。他期

盼老師將此次的所見所學，
對於教學有所啟發與體會，
並帶動桃園縣整體閱讀教育
的延伸。

開放課室，觀摩學習，分享的喜悅讓在場老師不
禁鼓掌

五　在互相交流激盪下，找到幸福的溫度

　　那日參與上課的學生很緊張，不熟悉的場景和上百雙的眼睛緊緊
的注視著他們，不免彌漫著凝重和嚴肅的氣氛，但在老師的引導下不
時傳出笑語。陳亭翰對於教授的用字和千里單「騎」之唸法（兩岸音
不同）、來源典故感到很有趣，原來語詞不只是語詞啊！朱晨瑜印象
最深刻的是，老師突然發給每個人一艘紙船及叫他們以母親的角度去
寫母親的擔心，她緊張到一句話也不敢說出口。雖然學生們心中忐
忑，雖然學生們也很喜歡國文老師上的課，但若還有下一次的教學觀
摩，他們表示還想嘗試。

褚樹榮教授點評，對於課堂上閱讀素養的歷程教學與實踐印象深刻

　　身為輔導團一員的吳韻宇老師對於未來的十二年國教施行，她看到「合作」的力量，學生要合作，老師也要互助。「教學的確是孤獨漫長的一條道路，尤其是一個人孤獨奮鬥時，難免都會失溫，只有在大家互相交流激盪下，才會找到幸福的溫度。」對她而言，此次研討會從籌備開始便戰戰兢兢，深怕有所疏漏，至結束終可鬆口氣，心中抱持的便是「提供給別人一個成功的經驗，讓老師看到那樣的典範教學，他的心中永遠有那一個畫面在，就算做不到，但心嚮往之。」

　　步出會場，藍天清朗。兩岸教學觀摩研討是起點、是過程，教學就是從以往的基點出發，邁向下一個新的階段和挑戰。唯有在不斷的省思與行動中，教學的專業才會更具力度和美感。在往後的某一刻，如果你憶起有關這場研討會的點點滴滴，相信它除了讓你心中堅定、有所歸依，它也會似〈紙船印象〉所傳達的，是一段「美麗的感情」！

感謝在這過程中給予協助的人，「一個很單純的初衷，讓大家可以看到最有能量、最好的東西。」

〈紙船印象〉同課異構兩岸教學觀課之我見我思

盧翠芳[*]

一　前言

　　桃園縣國文老師們翹首企盼已久的一場盛會——洪醒夫〈紙船印象〉同課異構兩岸教學觀課，終於在雙方主講與後援團隊的殫精竭慮中完成了。在現場觀課的國文老師們，親眼看到兩岸教學高手一起上同一文本，激盪起許多火花與思維，也有意猶未盡之感。身為桃園縣國教輔導團的一員，有幸側身其中，見證其歷程，願將觀察所得與參加觀課、未克參加的熱愛國文教學夥伴們一起分享。

二　觀課前的準備

（一）觀課人選、內容、時地確定

　　桃園縣國教輔導團國中國語文團隊（以下簡稱本團）自參與孫教授的「符合15歲國際評量規範之閱讀素養學習與評量雲端平臺」計畫起，已選定慈文國中、平興國中為桃園區基地，由吳韻宇老師、江月

---

[*] 桃園縣國中輔導團國語文組。

嬌老師擔任測試及研發主導工作。也預定一〇二年十二月於桃園、苗栗兩地辦理閱讀素養學習與評量之兩岸觀課。

三　觀課歷程的紀錄與發現

（一）洪醒夫〈紙船印象〉同課異構兩岸教學觀課表

地點	年級	時間	上課教師	授課單元	觀課目標
桃園縣立慈文國中	七	十二月九日	9：25-10：10	桃園縣楊明國中蔡淑梓老師	洪醒夫〈紙船印象〉	符合15歲國際評量規範之閱讀素養學習與評量
	七		10：20-11：05	上海市特級教師上海師範大學李海林教授		

國科會「符合15歲國際評量規範之閱讀素養學習與評量雲端平臺」計畫
兩岸教學觀摩研討「教學觀察表」

授課單元：洪醒夫〈紙船印象〉

授課教師：桃園縣楊明國中蔡淑梓老師

觀課向度及內容	值得推薦	表現良好	表現普通	建議改進
A 精熟任教學科領域知識				
A-1 正確掌握任教單元的教材內容	✓			
A-2 有效連結學生的新舊知識	✓			
A-3 結合學生的生活經驗	✓			
B 清楚呈現教材內容				
B-1 說明學習目標或學習重點	✓			
B-2 有組織條理呈現教材內容	✓			
B-3 正確而清楚講解重要概念、原則或技能	✓			
B-4 多舉例說明或示範以增進理解	✓			
B-5 提供適當的練習以熟練學習內容	✓			
B-6 澄清迷思概念，易錯誤類型；澄清價值觀，引導學生正確概念		✓		
B-7 設計學習情境啟發學生思考與討論（小組討論、發表）	✓			
B-8 完成每個學習活動後，適時歸納總結學習重點	✓			
C 運用有效教學技巧				
C-1 引發並維持學生學習動機	✓			
C-2 善於變化教學活動或教學策略	✓			
C-3 教學活動的轉換與銜接能順暢進行	✓			
C-4 有效掌握教學節奏和時間		✓		

C-5 善用問答技巧（如提問、候答、傾聽、澄清、提示、轉問、深究、回應、兼顧不同層次問題、兼顧高低成就學生的反應等）	✓			
C-6 使用電腦網路或教學媒體有助於學生學習（含教具、圖片、補充材料、網路資源；宜大小適中、符合需求、內容正確）	✓			
C-7 根據學生個別差異調整教學（含個人或小組指導）	✓			
D 善於運用多元學習評量				
D-1 適時檢視學生的學習情形（包括口頭或紙筆方式）	✓			
D-2 依據實際需要選擇適切的評量方式（小考或家庭作業）		✓		
D-4 根據學生學習狀況或評量結果調整教學		✓		
E 應用良好溝通技巧				
E-1 板書正確、工整有條理	✓			
E-2 口語清晰、音量適中	✓			
E-3 教室走動或眼神能關照多數學生	✓			
E-4 師生互動良好	✓			
綜合意見				

1. 課堂優點：

（1）學生從文本訊息探索認識美麗的感情，也因分組討論幫助統整釐清出重要的母親的特質。

（2）閱讀策略指導達成閱讀歷程中從擷取與檢索→統整與解釋→省思評鑑之能力培養。

2. 具體改進建議：

（1）教學節奏安排有些空檔，內容安排顯得不足，可以加入前一段的呼應。

（2）「美麗的感情」用詞比較特殊，應該設計一個帶領的模式，以使理解更踏實。

（3）「教學目標三：省思圍繞在自己周遭的各種關懷與愛」標的較鬆散，學習結果也較不具體。

觀察人員簽名：

國科會「符合15歲國際評量規範之閱讀素養學習與評量雲端平臺」計畫
兩岸教學觀摩研討「教學觀察表」

授課單元：洪醒夫〈紙船印象〉

授課教師：上海師範大學李海林教授

觀課向度及內容	值得推薦	表現良好	表現普通	建議改進
A 精熟任教學科領域知識				
A-1 正確掌握任教單元的教材內容	✓			
A-2 有效連結學生的新舊知識		✓		
A-3 結合學生的生活經驗		✓		
B 清楚呈現教材內容				
B-1 說明學習目標或學習重點	✓			
B-2 有組織條理呈現教材內容	✓			
B-3 正確而清楚講解重要概念、原則或技能	✓			
B-4 多舉例說明或示範以增進理解	✓			
B-5 提供適當的練習以熟練學習內容	✓			
B-6 澄清迷思概念，易錯誤類型；澄清價值觀，引導學生正確概念	✓			
B-7 設計學習情境啟發學生思考與討論（小組討論、發表）	✓			
B-8 完成每個學習活動後，適時歸納總結學習重點	✓			
C 運用有效教學技巧				
C-1 引發並維持學生學習動機	✓			
C-2 善於變化教學活動或教學策略	✓			
C-3 教學活動的轉換與銜接能順暢進行	✓			
C-4 有效掌握教學節奏和時間		✓		

C-5 善用問答技巧（如提問、候答、傾聽、澄清、提示、轉問、深究、回應、兼顧不同層次問題、兼顧高低成就學生的反應等）	✓			
C-6 使用電腦網路或教學媒體有助於學生學習（含教具、圖片、補充材料、網路資源；宜大小適中、符合需求、內容正確）	✓			
C-7 根據學生個別差異調整教學（含個人或小組指導）	✓			
D 善於運用多元學習評量				
D-1 適時檢視學生的學習情形（包括口頭或紙筆方式）	✓			
D-2 依據實際需要選擇適切的評量方式（小考或家庭作業）	✓			
D-4 根據學生學習狀況或評量結果調整教學	✓			
E 應用良好溝通技巧				
E-1 板書正確、工整有條理	✓			
E-2 口語清晰、音量適中	✓			
E-3 教室走動或眼神能關照多數學生	✓			
E-4 師生互動良好	✓			

綜合意見

1. 課堂優點：

（1）學生能在教師明示「朗讀文本要讀語言，讀出字意思，更要讀出節奏與韻律，才能感受文本最迷人之處」聲情節奏感，及「棒棒——棒棒」的教學指導之後，用輕點桌面的方式，統整出朗讀紙船遊戲「快樂」的節奏。

（2）用小禮物——紙船，打破師生陌生感，紙船也是學習單，指導學生練習寫作並發表〈媽媽的獨白〉，從中體會母愛的美麗，是很符合文本，內涵切題的巧思。

（3）教師用〈小紙船的夢〉與本文比較，學生領略出敘事角度不同，書寫的語氣、用詞不同。

2. 具體改進建議：

（1）因為學生經驗不熟悉，所以部分帶領需要一些磨合時間，課堂在剛開始有些阻滯，後來就很順暢了。如：句式與聲情的關係教學。

（2）第三個層次，成人後對母愛的深沉體驗與感悟。除了教師講述、朗讀之外，可加入更具體的學習評量設計。

（二）觀課成果

1　觀課前分析

觀課主題：〈紙船印象〉同課異構閱讀素養教學

	文本分析	難點探討	教學目標	教學策略
蔡淑梓老師	1. 現代散文 2. 以紙船感念母親對子女的慈愛。藉由回憶童年玩紙船的往事，表達對母親的感恩、懷念，以及對自己的期許。 3. 應用具體事物與抽象情感互相對應的寫作技巧。 4. 使用藉物抒情的寫作方式，以紙船來凸顯母愛。 5. 文章結構層次分明，情感醞釀層層遞進、渾厚。	1. 第四段「這種美麗的感情要到年事稍長後才能體會出來」，這種感情是什麼感情？美麗之處為何？動人之處為何？作者怎麼寫美麗的感情？ 2. 第五段探討作者的自我期許為何？與母親的關聯性是什麼？紙船的象徵意涵為何？ 3. 探討「應用具體事物與抽象情感互相對應」的寫作技巧及寫作重點。 4. 除了文章句意的理解，如何加深學生對母愛的情意感受以及了解作者對自己的期許？ 5. 如何進一步讓學生反觀自己，體會圍繞在自己周遭的各種關懷與愛？	1. 統整文章主要訊息。 2. 體會文中美麗的感情。 3. 省思圍繞在自己周遭的各種關懷與愛。	運用提問策略、小組討論合作學習，達成閱讀歷程中，從擷取與檢索→統整與解釋→省思評鑑之能力培養。

李海林教授	1. 文體：散文 2. 內容：三個層次。第一個層次：童年時紙船給「我」的快樂。第二個層次：紙船所寄託的母親的愛。第三個層次：成人後對母愛的深沉體驗與感悟。 3.語言：質樸的語言中蘊含著一種淡淡的悲情。 4. 敘述角度：兒童的敘述角度與成人的敘述角度。	1. 第三小節語言的節奏與韻律。 2. 第四小節對母親心境的體驗。 3. 第五小節對敘述角度的轉換的把握。	1. 關注文本的語言特徵，把閱讀初感提升到對文本深層情感的解讀。 2. 依據文本的提示，從兒童時和成年時這兩個不同的向度領會母親的愛對作者的情感影響。	1. 朗讀。 2. 參與式活動。

2 觀課中的觀察與思考

	教師的教學是否收到預期的效果	學習效果與教學之間的聯繫	其他
蔡淑梓老師	1. 學生能圈出文本中美麗的感情的訊息，從中感受母親的特質。 2. 學生能討論母親的人格特質，並適切發表。 3. 學生能從母親的感情省思延伸各種關懷與愛體會。	1. 學生從文本訊息探索認識美麗的感情，也因分組討論幫助統整、釐清出重要的母親的特質。 2. 分享、討論使課程進行逐步加溫，學生在閱讀歷程中開始思考、體驗。	淑梓老師是第一次跟學生見面，但是輕鬆體貼的帶領風格、幽默的語言使課室生春。
李海林教授	1. 學生在一開始朗讀節奏、體驗失誤，因為不能了解老師的訊息──句式與聲情的關係。 2. 學生能分辨感情的修飾語「美麗的」寫作效果。 3. 學生能練習寫作並發表「媽媽的獨白」，從中體會母愛的美麗。	1. 學生能在教師朗讀節奏感「棒棒──棒棒」的教學之後，用輕點桌面的方式，統整出朗讀紙船遊戲「快樂」的節奏。 2. 教師用〈小紙船的夢〉與本文比較，學生領略出從小孩子、大人角度書寫的語氣、用詞不同。	因為學生經驗不熟悉，所以部分帶領需要一些磨合時間，課堂在剛開始有些阻滯，後來就很順暢了。

3 觀課後的點評紀錄

	教學中的成功點	案例中的困惑和問題	學生反應的狀況	教學實踐的其他可能性
蔡淑梓老師	1. 先做觀課說明與討論,掌握學生中心的閱讀理解教學。 2. 教與學互動,層層深入,帶領良好的閱讀理解。	母親的人格特質討論與本課的主題略顯偏離。	從生澀拘謹轉而開放投入,討論有明顯熱烈氣氛。	「美麗的感情」用詞比較特殊,應該設計一個帶領的模式,以使理解更踏實。
李海林教授	1. 用小禮物──紙船,打破師生陌生感,紙船也是學習單,指導學生練習寫作並發表「媽媽的獨白」,從中體會母愛的美麗,是很符合文本內涵切題的巧思。 2. 教師用〈小紙船的夢〉與本文比較,學生領略出敘事角度不同,書寫的語氣、用詞不同。	紙船教具準備費時,一般教師日常教學恐怕難以做到。	學生未能如老師期望事先閱讀文本,課程中有部分學生明顯跟不上。	紙船遊戲的教學可以從句式檢索切入幫助學生理解。 比較……者……者……者……者; 或……或或……或 兩句型描述有何不同?

點評摘要

王榮生教授：散文教學包含語言、情意，教學重點是「體味精準的語言表達，分享作者獨特的人生經驗」，但容易被個人經驗覆蓋，教師專業講授與學生即興學習之間如何對接？

褚樹榮教授：本次觀課以閱讀素養評量概念與閱讀歷程模式，運用在教學中非常值得推廣學習。對淑梓老師建議：1. 在「美麗的感情」教學中要加入如何體會的帶領？2. 母親的人格特質是理性的評價，與文本感性的書寫如何銜接？對海林教授的點評：在藉由節奏感「棒棒──棒棒」的教學提出一個疑點思考，有節奏感是否一定是快樂的？

四　觀課後的反思與建議

（一）觀課後的反思

1　同課異構觀課有助閱讀素養教學提升

本次觀課主題：〈紙船印象〉同課異構閱讀素養教學，很清楚的標示未來觀課的方向。這樣的觀課對到場觀課老師有很大的衝擊，國際閱讀評比的效果已經走進教師的課堂。兩位老師兩堂精到的閱讀教學示範，從文本分析的透闢，到教學理解策略的實踐，學生學習點與思考的跳躍，小組合作學習的效力，都可以給觀課者很多的啟發，後續影響力非凡，這一點在出場後老師熱烈的回饋中得到證實。

淑梓老師、海林教授一起選用〈紙船印象〉，以不同的策略點切入，希望產出學生對散文閱讀能力：體會語言的聲情、建構篇章理解的思考、文本情意的省思。而這樣清楚的帶領自可開啟教師將來處理

文本的穿透能力。觀課老師可以同時接收到同一文本不同模式的建構，比較、統整出自己跟現場學生教學的最佳方法，進而完成閱讀素養教學的提升。

2 教學社群共開發教學模式是新里程

現場臺灣老師多數反應：「閱讀素養教學有一定的難度，目前很難做到。」而李海林教授談及，他在上海的教學基地有十六人專業團隊，平時就是一起研發課程設計的夥伴，經常互相備課、觀課。在接到本次觀課文本之後，立刻集思廣益，討論分析文本，設計確定教學策略的運用。還商借臺商子弟教學，以模擬慈文學生可能的反應。可以看出最好的教學不再是一人孤燈下孜孜備課，剎那靈感，或者曇花一現的即興發揮；應該是團隊（社群）一起思考，集合不同的個體，互相激盪，以獲得最好的提升。

（二）建議與結論

從觀課的成果可以看出：主講的二人不約而同做到「有效教學」。兩岸在這段時間的「教改」、「課改」，雖然名詞不同，然而提升十五歲學生閱讀素養以厚植國力的目標顯然相近。臺灣教學重自由多元，強調個人特色與創意，教師評鑑制度尚未建立，教師尚無打開課堂互相觀課的習慣；而對岸則是整體策進，教師評等與課程教學評比制度較嚴整，互相觀摩交流可收截長補短之效。

觀課後，兩岸教授、校長的點評講解到位，彼此在閱讀教育上的探討益精。兩方教師與觀課者，已建立交流管道，將來在觀課前有機會討論溝通，更能強化觀課後的修正，以獲致更理想的成果。

正如桃園縣國文輔導團召集人陳麗捐校長所說：「輔導團在多年

耕耘下,除了提供縣內國語文教學更新教學趨勢,帶領教師進行分組合作學習、翻轉課堂概念,更期待在此次教學研討觀摩的激盪下,讓教師更明瞭課室公開、共同觀課交流的意義。」這場觀課只是開始,文本的閱讀教學還有無限的可能,等待現場老師的研究與發現。

紙船徜徉在美麗的感情中
── 兩岸教師〈紙船印象〉的同課異構

黃秋琴*

一　緣起

　　曾參與國立臺北教育大學孫劍秋教授及中央課程與教學諮詢團辦理的「一○○學年度海峽兩岸課程與教學深化參訪」活動，在上海、杭州、寧波三地參訪三個實驗學校，見識到大陸特級教師課堂引導學生思維的功力，而學生針對教師提問所表達的內容，和特級教師一樣令人驚豔。當時有個念頭，教師的引導也要有相對應的學生回饋，才能相得益彰。看到上海學子的表現，除了憂心臺灣學生普遍羞澀回應的情景，當時，兩岸教師的公開授課是以不同的文本，各自表述，教師如何詮釋文本和轉化於課堂的對比狀況還沒有那麼明顯。

　　這次由孫劍秋教授及所屬閱讀教師團隊與桃園縣國教輔導團國中國語文團隊合作，在桃園縣慈文國中進行國科會「符合15歲國際評量規範之閱讀素養學習與評量雲端平臺」計畫兩岸教學觀摩研討交流活動中，臺灣桃園縣楊明國中蔡淑梓老師和上海市特級教師師範大學李海林教授都以「洪醒夫〈紙船印象〉」作為文本單元，採「同課異構」觀課模式，以臺灣七年級的學生為授課對象。文本相同的情況

---

* 桃園縣國教輔導團輔導員，石門國中老師。

下，兩岸教師在詮釋文本、教學策略、課堂引導、師生互動、學生課堂反應和學習效果等面向上有什麼不同的風景，是我的第一個「等待」。授課學生也非刻意挑選，就是我們熟悉的臺灣學生樣貌，和臺灣蔡淑梓老師的互動，可以想像，但和大陸的特級教師會擦出什麼火花，自是我的第二個「等待」。因此，從輔導團領域召集人陳麗捐校長在臉書上公布此一兩岸交流訊息，便懷抱雀躍興奮的心情「等待」一〇二年十二月九日到來。

二　觀課中的發現

本次教學演示的兩岸教師都以「洪醒夫〈紙船印象〉」作為文本單元，採「同課異構」觀課模式，「同課異構」讓不同的教師針對同一課程內容，以個人對文本的詮釋和學生學習經驗的分析後，擬定教學策略，設計教學活動，透過演示，展現不同的課堂風景。在課程內容這個變項因素相同的情況下，不同教師的教學模式對比操作性更顯強烈，不管是授課者或觀課者都可以觀摩比較不同的教學設計，相互交流激盪，以期對教材教法能有更深入的對話，由大陸的幾位教授貴賓的分享得知，這是大陸近年來經常採用的教學研究模式。

其中，我想釐清的是「同課」為何有「異構」的需求，同樣的課程內容應有其欲傳達給學生的課程重點概念，文本只是媒介，一個文本所蘊涵的內容，可以因為不同角度的切入，而有不同的解讀，但作為學生教材，應有其預設的教學重點，這也是每個教師必須先掌握的。以這次的文本教材「洪醒夫〈紙船印象〉」而言，哪些是教師所應共同教授的重要概念，或引導的情意體會，顯然這次兩岸教師都以「如何引導學生體會母親慈愛的美麗情感」為課程重點。

同課的「異構」需求，則是因應「學生先備學習經驗和理解能力

程度的不同」及「教師個人特質的差異」，將這兩個因素加來後，以「不同的教學策略」引導「不同班級的學生」，自然產生「異構」的課堂風景。而這次參與課程活動的學生雖是「不同班級」，但兩個班級原來的國文授課老師，都是慈文國中的吳韻宇老師。據吳老師分析，學生在「先備學習經驗和理解能力程度」上差異不大。因此，在「相同的課程重點：引導學生體會母親慈愛的美麗情感」和「學生差異性不大」的基礎下，這次的「異構」的課堂風景，焦點就在教師如何運用不同的教學策略，建構其教學設計，然後透過教師教學引導，將其教學設計實踐在課堂現場上。因此，接下來說明筆者在兩位教師「課室觀察中的發現」：

（一）對臺灣蔡淑梓老師的課堂發現

1　機智風趣、從容親和的教師特質

淑梓老師能以同理心去體貼學生在二百多人觀課情況下緊張的心情，頻頻用幽默風趣的話語或例子去化解學生的不安。例如：學生不敢舉手發言，淑梓老師以書遮住自己的臉，跟學生說若沒有看見老師，就比較不會緊張了；或是以自己老公嫌菜不好吃，以後就不再煮給他吃了等貼近生活的例子緩解凝重的氣氛。整個課堂，淑梓老師笑容可掬，對於學生的回應也都正面鼓勵。在桃園這是第一次的兩岸公開授課觀課，雖然王榮生教授說，在大陸的公開課，有數千人在場是司空見慣之事，但在臺灣的觀課議課尚屬萌芽期，難怪學生會侷促不安，而淑梓老師的對手大陸代表又是一位特級教師，她能勇敢地接受挑戰，而且臨場反應冷靜而機智，還能信手拈來幽默的生活實例，令人佩服！

2 小組討論與發表是特色

　　淑梓老師讓學生默讀第四段課文後，圈選與「美麗的感情」相關訊息，先以個別發表的方式讓學生說明圈選那些文句的原因。再讓四位同學一組，進行小組討論，共同探討作者筆下母親的特質及推論原因，並將討論結果寫在A4紙張上。筆者觀察此時，全班只有一個小組沒有轉頭和後面的二位同學討論，其餘組別大都能互相討論，並寫下他們討論的結果。

　　小組發表的內容正是理解學生思維的時機，由學生的發表內容，他們關注的大多還是課本上的文句，但能找出「對比」的特點，如：雖然生活困難，仍能平心和氣地為孩子摺紙船，淑梓老師則協助學生推論這是「堅毅的人格特質」。另個「對比」關注點則是學生比較現代母親忙碌，無法像作者母親般有耐心對待孩子，這也是學生的生活感觸啊！

　　淑梓老師順應學生提及「堅強」詞彙，請學生看文本的第五段「只盼望自己能以母親的心情，為子女摺出一艘艘未必漂亮但卻堅強的、禁得住風雨的船，如此，便不致愧對紙船了」，引導學生理解作者也要傳承母親「堅毅、堅強」的人格特質。淑梓老師以分組討論方式進行這個活動，提供學生與同儕互動的機會。

3 以熟悉的經驗模擬不熟悉的感情

　　淑梓老師本節課的教學目標之一，即是「體會文中美麗的感情」，而本文的難點就在這種「美麗的感情要到年事稍長後才能體會出來」、要「年過而立」且已養兒育女的成年人，才能有那種為子女庇佑的傳承心情，學生的年紀還小，如何結合他們生活經驗，讓他們體會這種成年人才能體會的美麗感情？淑梓老師試圖運用學生和國文

老師之間熟悉的互動經驗，讓學生轉換角色，如果自己是國文老師如何指導學生？讓學生進一步省思老師對學生的關懷是一種美麗的感情，而推及身為父母對孩子也是這樣的關懷與愛，以熟悉的經驗模擬不熟悉的感情。

（二）對上海市特級教師李海林教授的課堂發現

1　教學設計彰顯文本分析的功力

　　到了會場，一邊忙著協助簽到工作，更一心二用地趕緊研讀李海林教授的紙本教學設計內容。李教授在〈紙船印象〉「教材分析」分為三個層次：第一個層次，童年時紙船給「我」的快樂。第二個層次，紙船所寄託的母親的愛。第三個層次，成人後對母愛的深沉體驗與感悟。接下來做「學生分析」，說明學生對第二個層次的母愛所包含的人生艱辛和第三層次的內容，學生是較難掌握體會的。然後才設立「教學目標」，凸顯文本的「重點難點」，這樣的流程讓我們先關注到課堂的二大要素：教材和學生，這和臺灣在做教案設計時，多半一開始就設立「教學目標」的情況不同。

　　評課時，李教授在白板上運用圖示法來說明他的課程設計，更令人激賞，用一個圖卻清楚地表達整個教學設計的精髓，將「教材分析、學生分析、教學目標、重點難點」等內容融合呈現，並說明了本節課是如何將學生的「閱讀初感」對接到「文本的高度」，也就是提升學生的經驗，讓他們可以透過文本進入到作者的經驗中，如下圖：

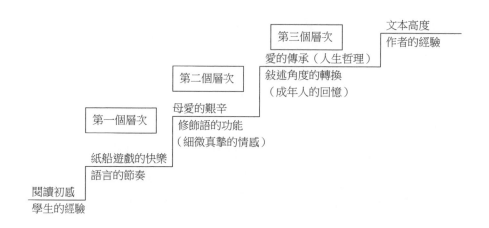

2 課堂教學彰顯特級教師的風采

　　李海林教授不愧是上海市特級教師，西裝筆挺，精神奕奕，雙眼炯炯有神，泰然自若地將「教材分析」中〈紙船印象〉的三個層次，依序鋪展，引領學生提升自己的閱讀初感到對文本深層情感的解讀。李教授以送學生每人一艘「紙船」揭開課堂序幕，在第一個層次，他請學生在第三段先圈出四個字的詞，然後鏗鏘有力地示範「ㄅㄤˋ ㄅㄤˋ ㄅㄤˋ ㄅㄤˋ 者，ㄅㄤˋ ㄅㄤˋ ㄅㄤˋ ㄅㄤˋ 者…」語言的節奏性，引導學生不只是讀文本的文字，而是讀出文本的節奏，感受這種四字詞的語言節奏所帶來的紙船遊戲快樂，李教授也觀察有位學生在再次朗讀時，以手指敲桌配合這種節奏性。

　　接著，在第二個層次，他先引導學生讀出第四段母愛的艱辛，請學生用一個「形容詞」來形容這種感情，比較學生所說的「可愛、無私、溫馨」等形容詞與「美麗」差別。再讓學生把第四段中精彩的修飾語拿掉，如把「因為它們大都出自母親的巧思和那雙粗糙不堪、結著厚繭的手」改為「因為它們大都出自母親的巧思和那雙手」，比較兩者的差異，讓學生了解「修飾語的功能」可以表達出更「細微真摯

的情感」，而學生回應有修飾語，則讀者會比較有「畫面感」，倒是讓在場的老師們為之喝彩。他為了讓學生體會父母的愛，請學生給自己爸爸媽媽說一小段話，再對比作者的寫法，凸顯第四段中「母親的手、母親的心」。

然後，進入第三個層次，令人眼睛為之一亮的是，李教授請學生將他所送的「紙船」打開，成為學生的學習任務單，多麼有創意的「伏筆」啊！他讓學生「角色異位」，試著從母親的立場來思考，讓學生化身為母親，以「同理心」來寫母親心裡的話，這時李教授還特別誇讚這位願意發表的慈文國中女同學。

最後，李教授讓同學們猜猜，他讀這篇文章時最感動的是哪一節？為什麼？企圖將學生的注意力集中到文本與讀者的關係上來，讓學生進入第五段的情感。他讓學生比較〈小紙船的夢〉和〈紙船印象〉的敘述角度不同，前者是從小孩子立場去寫，後者則是成人角度的回憶。李教授秀出自己孩子的照片，對於自己為人子又為人父的感受娓娓道來，說自己有了孩子，更能體會當年父母親的愛，奇妙的是這時會更有想要好好照顧下一代的心情，回應文本「只盼望自己能以母親的心情，為子女摺出一艘艘未必漂亮但卻堅強的、禁得住風雨的船，如此，便不致愧對紙船了」，讓學生體會「母愛傳承」、「養兒方知父母恩」的意境。

三　觀課後的反思與建議

針對〈紙船印象〉的文本分析，這次淑梓老師和李教授都以「如何引導學生體會母親慈愛的美麗情感」為課程重點，但，對於尚未養兒育女的國中生，如何理解「這種年事稍長後才能體會出來的美麗感情」是學生學習的困難點，透過自學或討論可能也無法體會，所

以需要老師搭鷹架。淑梓老師讓學生推論母親的人格特質，想要以母親「堅強」性格對作者的影響連結至第五段「只盼望自己能以母親的心情，為子女摺出一艘艘未必漂亮但卻堅強的、禁得住風雨的船」。但，作者強調的應該不是「堅強」的母親形象，而是煩憂家計的母親卻能「耐心、貼心、用心」地為了「孩子快樂的笑靨」摺紙船的「慈愛印象」。除此，兩位老師都運用了「角色異位」的方式，淑梓老師讓學生化身為「國文老師」，去體會「師生間的美麗感情」，而李教授則是讓學生化身為「母親」，從母親的角度來思考。兩者相比，我覺得李教授的方式應該比較可以讓學生貼近本文的情感，師生之情和親情應難以全然對應。

洪醒夫以「紙船印象」為標題，我想這「印象」應有兩種義涵，一是「玩紙船的快樂印象」，另一是「母親慈愛的印象」。而「玩紙船的快樂印象」之所以會有「一旦思想起，便歷歷如繪」的深刻感受，是因為有「母親慈愛印象」的「美麗情感」去支撐。兩位老師在這次的演示中，都沒有詮釋標題「紙船印象」和第一段「人生印象逐漸聚焦到紙船印象」、「似無所見，又非視而不見…不去想，什麼都沒有，一旦思想起，便歷歷如繪」等相關概念，而這也是學生在本文中的另一個學習難點。若從標題〈紙船印象〉入手，試問：〈紙船印象〉改為〈紙船遊戲〉好不好？為什麼？洪醒夫在全文中未提及「印象」二字，而「印象」又是較抽象的概念，要協助學生釐清的是作者如何利用「紙船」這個具體媒介來表達「自己對母親慈愛印象」的抽象概念。

從兩堂觀課歷程中，現場教師的笑聲和掌聲不斷，可以印證兩位老師的表現不凡，但，學生的反應似乎因為緊張而被侷限，兩位老師也盡力引導學生去思考，尤其李教授在學生無法直接回答出問題時，則以「換句話問」或「再細分問題層次」的方式，逐步讓學生可以說

出自己的想法，期間也有學生回應令人驚豔的答案。然而，臺灣學生多數習慣沉默，期待正確答案，所以，不難發現兩個班的學生，也是只有某幾位同學能開口和老師做互動。除此，我們的學生還有「學習成就M型化」日漸嚴重的問題，常態編班的制度下，課堂上無法跟上老師教學進程的那些學生怎麼辦？

　　一對多的提問方式，往往會造成上述的狀況，我想，兼顧差異化的最好方式，應是採用合作學習模式，一個老師無法在四十五分鐘的課堂上和每位學生互動，讓每位學生回應問題，但分組討論並互相幫助學習，可以讓每位學生有開口的機會，同時也讓他們學習「合作的態度」，是不是可以將精彩的提問，利用分組的方式，讓學生先共同討論，老師再做各組的歸納、澄清。目前，筆者也在練習運用這樣的教學策略，發現本來魂遊四海的學生在分組學習時可以有安身立命的存在感，而且從評量結果看來，學生在文意理解上比之前的直接教學法時表現的更好。

　　大體說來，兩岸教學方向是一致的，對教學方法的精進與努力也很相似，丹麥哲學家齊克果說：「表象如浮標，本質如魚鉤。」不管是學校段考、升學會考或者是國際評量規範之閱讀素養評量，成績分數都只是個表象，學生真正學會的思考能力才是本質，而教師的教學就是那連結「浮標」與「魚鉤」的「釣線」，居關鍵地位。再次感謝孫教授能為兩岸牽線，促成交流的機會，讓我們可以乘著紙船徜徉在美麗的感情中，也感恩所有為這次活動付出心力的夥伴！

精彩紛呈的同課異構

——在烏眉

孫劍秋教授　執行策劃

　　國立臺北教育大學孫劍秋教授及所屬閱讀教師團隊於一〇二年十二月十日在苗栗縣烏眉國中進行國科會「符合15歲國際評量規範之閱讀素養學習與評量雲端平臺」計畫兩岸教學觀摩研討交流活動，會中除有苗栗縣代表與上海寧波市教師代表的教學觀摩外，並有兩岸教授的點評講解，不同文化觀點交流精彩紛陳。

　　研討會從上午九點開始，有國立臺北教育大學孫劍秋教授、上海師範大學王榮生教授、寧波市教育局褚樹榮教授致詞與會，第一場教學觀摩先由苗栗縣教師代表烏眉國中劉怡辰老師進行「劉克襄〈大樹之歌〉」單元教學，第二場教學觀摩由寧波市特級教師代表北倉外國語學校劉飛耀校長同樣進行「劉克襄〈大樹之歌〉」單元的教學，結束後並由兩岸教授與縣內國語文學習領域輔導小組進行課室觀察後的點評。以期透過專業對話，更加精進彼此在閱讀教育上的教學。

　　苗栗縣烏眉國中國語文學習領域教師社群在林孟君校長帶領下，本學期開始進行「社群教師共同備課、觀課」的課程與教學改變。林校長表示，烏眉國中是一所偏遠的學校，學校只有九個班級加上一個特教班，不論是人力或物力較都會型學校均顯不足。故此次是以一種「拋磚引玉」的心情，辦理這場兩岸教學觀摩，期待與校內夥伴教師共同推動自發性教學文化的改變。

　　苗栗縣教育處長劉火欽表示，教師專業素質的良窳乃教育成功與否的關鍵，這是苗栗縣內第一次辦理兩岸教師教學觀摩的研討交流活動，樂見縣內有越來越多教師投入同儕觀課相互精進成長的行列，教學現場中教師自發性在課程與教學上的改變，就是對十二年國教教學品質提升注入了正向的新力量。

靜觀自在
──兩岸教學觀摩的故事在烏眉

林孟君[*]
吳憶菁[**]

一　序曲

　　教學觀摩對於臺灣的教學現場而言，是一個非常熟悉的名詞，從師資培育的養成階段，各分科教材教法乃至於教學實習等課程，一定都有所規劃，不同的教育階段別、不同領域的老師也或多或少曾經有過教學觀摩或觀察其他教師進行教學觀摩的機會。尤其在目前教育部積極推動教師專業社群及學習社群的概念下，教學觀摩的分享觀念成立於教學現場中。

　　無論是從認知理論的「知的歷程」的理論觀點，或從教育學的「知識功能」實際觀點來看，閱讀不僅是學生所需的學習能力，也是從事其他學習和吸收知識不可或缺的的媒介（張春興，1999）。其最終的目的在於理解與運用，透過文本從中獲得訊息，在閱讀教學過程中透過運用策略讓自己更深入文本，或擷取文本中重要的訊息，學生若在閱讀的歷程中學習閱讀策略，將有助於閱讀能力的提升。

──────────
[*]　苗栗縣立烏眉國民中學校長。
[**]苗栗縣立烏眉國民中學教務主任。

　　讓學生學習得更有成效，是課堂當中所希望達成的目標，不論從老師的「教」或學生的「學」兩者應該是完美的協奏曲。PISA 2009年國際閱讀素養研究成果更指出，影響學生閱讀素養的重要關鍵因素是「教師」，尤其是教師課堂教學的營造以及閱讀教學策略的引導，是提升學生閱讀素養重要的要素（OECD，2010）。教師專業發展的一項基本假設是：教師職業是一種專業性工作，教師是持續發展的個體，透過持續性專業學習與探究的歷程，進而不斷提升其專業表現與水準（饒見維，2003）。從教師專業發展的角度而言，每位教師應該都可以進行教學觀摩，但從教學現場經驗值而言，往往進行教學活動的通常是輪流或教學有特點的教師或年資較淺的教師，當「專業」成為教師未來發展的必然方向時，究竟誰需要來進行教學觀摩？教學觀摩的內容是什麼？如何決定教學者？教學者需要甚麼樣的支援？需要專業對話嗎？假如需要專業對話,對話的內容又是如何？這是研究者所關心的議題。每一位專業的教師都是經過一次次的教學省思與討論，透過省思中發現教學中的我，專業成長就在軌跡中不斷的醞釀與發酵。當教師能走過一場分享的教學觀摩歷程，相信對教師生涯一定是深刻且難忘的成長歷程。

　　上海市在PISA2009及2012年的閱讀素養中都得到第一，一九九八年上海市也展開第二次教育改革，課程改革以學生為中心，強調學生的創新與實踐能力（施良方，崔允漷，1999）。恭逢國立臺北教育大學孫劍秋教授的帶領，與上海師大王榮生、李海林教授及寧波市教育局褚樹榮教授及劉飛耀校長的課程設計下進行本次課程交流。透過課堂實際的閱讀教學歷程，期待能在同課異構的教學互動歷程中，透過省思提升閱讀教學的能量。

　　烏眉國中是一所苗栗縣偏遠的小型學校，從學校的發展而言，很榮幸的能獲得孫劍秋教授的青睞，將國科會閱讀教學兩岸交流研討會

在本校辦理，除了是一份專業的榮幸外，更有著無比的壓力，但是，也讓我們學校開始動了起來，從屬於教師們的專業對話開始……。

二　靜觀——空白的開始

教學是一種「人際專業」（Interpersonal Profession），教師在面對眾多學生的不同想法、不同的學習基準、以及隨時變化的師生與同儕關係之中，還要能夠冷靜而有效率的進行教學、決定教學步調與方法，是一大挑戰（Schon,1987）。

教學看似單純，實際上卻相當複雜。教學者需要判斷學習者特質和教材內容的關係，才能規劃適當的教學進度與方式。然而，學習者並非一成不變，因此教學者也要能夠在教學時，依據實際需要調整上課步調。也就是說，一次好的教學，需要細膩的規畫與嫻熟的技巧方能竟其功，兩者缺一不可，否則不是毫無章法，就是眼高手低、狀況百出。正由於教學的複雜本質，使得教師在教學過程所做的判斷顯得格外重要。

Robb（2000）指出傳統教師專業發展模式的缺失其中一項為：行政人員極少參與 （Minimal administrator participation），校長由於行政工作繁忙，在培訓時僅露個臉或甚至不出席時，會讓教師感到校長並不重視這些培訓。同時，校長也會喪失學習、討論、思考，以及繼續面對和修改其學習理論的機會。當校長將終身學習和吸收研究新知當作重要的事並身體力行時，教師會受到啟發而更願意去學習與探險。

此外，Sparks（1994）提出三個轉變美國教師專業發展的重要觀念。首先，在判斷成功或失敗時，不是看學生的分數的高低，而是看學生在學校受教育後實際獲得多少知識和技能。專業發展的成功與否，不是取決於教師和行政人員參與培訓的人數多寡，或對於培訓重

要性的評價高低，而是在於專業發展是否能改變教學的行為，並進而使學生獲益。

其次，系統思考的人能夠看到一個系統中各個部分如何相互影響以支持或阻礙改革的努力。因此，教育的領導者必須進行系統的思考。最後，學習者建立知識結構而非僅從教師處接收知識。教師要學習建構取向的教學，也應透過建構取向的專業發展，而非在培訓時從專家處獲得知識。教師和行政人員和同儕、研究人員以及學生相互合作，以了解其所處教學情境中教學和學習的過程。

這一波課堂的教學改革倡導「以學生為主體」學習，並從提升教師素質著手，學校似乎也該發展出一個「以老師為主體」的教師專業成長模式。因此，這一次研究者與國文科領域教師一同參與，加上行政人員的協同，以有效教學為目標，共同學習為歷程，分組教學為策略，進行系統性的教學實驗流程。

兩岸閱讀教學對學校夥伴而言是全新的教學經驗，教師透過哪些方式設計課程目標及流程，在教學設計過程中運用的閱讀教學策略的思維歷程，是關心的議題，因此我們透過行政與教學的共同參與，將專業學習社群落到教學實踐裡。以共同學習的方式進行時，就以三部曲的「課堂教學研究」畫出屬於烏眉國中教學觀摩的故事。

閱讀教育從二十世紀初葉時著重解碼、理解的語文能力，到七〇年代則逐漸深究閱讀者心理認知的層面。目前，閱讀教育係以「教」與「學」為核心，並運用閱讀策略引導學生精熟內容—領域及語文文本意義的結構，從文本學習新詞彙、推論、聯結及摘要重點，學生不只是能理解所讀，也能思考文本意義並回答問題。藉由語文的力量，檢索資訊、探索事件的經驗，獲取知識的關鍵，學生能獲得學習及生活的關鍵能力。

因此，當文本中的意涵分析是教師設計課程的第一步，經由國文

領域研究會議討論，互相激盪彼此的看法與概念分析，建構出屬於這堂課的思考地圖，提供教學者建議，在教學者內化後完成教學課程雛形，進行三次的公開觀課及議課過程，最後在教學觀摩會後進行一次的檢討與省思，完成第一循環課程的實驗。茲將歷程分析如下：

（一）共同備課

　　教材文本分析是教學研究中的第一個步驟，因教學者劉怡辰老師因學習背景的關係，首先將文本確定為〈大樹之歌〉，這是一篇屬於自然生態寫作的文章。所謂文本分析是從文章表層，剖析其蘊含的深層涵義。一般可從文章結構進行分析，也可從文義理解、文章寫作手法進行剖析。教師能在授課前完成文本分析，便能確實掌握教學核心概念。此次文本分析，教學者以寫作手法進行課程梳理，分別與校長、祥茹、珊如及雁筑進行共同討論，再延伸閱讀部分，採用PISA閱讀歷程「擷取訊息——統整解釋——省思評鑑」作為分析層次。

　　教學策略上以分組教學為主軸，以學生為學習中心進行提問設計，教師主要身分是在引導，而非知識灌輸。教學能夠發揮效用的關鍵，不在教師講述多少內容，而在學生學會多少帶得走的能力。在整個教學的實施過程中，教師只是擔任引導者的角色，任務是透過不斷提問、討論的方式，讓學生將學習到的知識，內化成自己的能力。

（二）校內公開授課、觀課

　　第一次的公開觀課是教學者壓力的開始，教學的改變在教學現場中，如何將課程設計的內容引發學生的學習動機是第一次公開授課的挑戰。但如何與教學者進行觀課後的對話，更是領域中的夥伴另一項

專業且人文的成長。如果說公開授課需要勇氣，那觀課後的教學分享更需要智慧，如何建立溫暖、理解且專業對談的氛圍，是觀課討論引導者的重要技巧，也是將來是否能將對話延續的重要的第一步。將教師的專業對話化為豐富且有趣的，可以充滿溫暖並且很有深度。經過討論，彼此可以重新甦醒遲鈍已久的教學神經，敏感的去覺察出，過去我們原本以為平淡無奇、日復一日的教學工作，原來充滿了多元、複雜、新奇且充滿契機與挑戰性的元素。夥伴們的建議，對每一位專業成長的教師來說，都是難能可貴的經驗——因為建議，所以成長。觀課討論引導者必須不斷提醒每一位教師都是獨特的，在夥伴的建議中慢慢的發現自己視線的模糊，進而澄清並自我傾聽，不斷去思索屬於自己的教學風格。

經過三次正式的觀課及議課，將對話內容落在教學實踐裡，對學生有幫助，成為真正教學中的一部分。教師專業的血肉，就會在教學現場長出來，教學就是在實踐中不斷的成長。

（三）兩岸公開授課及觀課後的省思

對話最好的開始在教學之後，在正式教學觀摩之後，我們開始思維，原來的教學方式有沒有真正引導學生學習？不同的教學方法及策略甚麼對學生才是對有效的？初次嘗試教學觀摩的團隊，透過一連串的分享，討論透過什麼樣的方式幫助學生有效學習，討論之後打開教室門，去試試看這方式有沒有幫助學生學習？彼此觀課，然後議課：你觀察到孩子如何學習？哪些迷思概念？我們可以如何搭鷹架？這就是一個專業發展的方式，會使老師的研習很貼近現場。他們在這裡頭，不斷會有新想法。

三　自得——圓滿的收穫

　　教學是一門藝術，從這次兩岸教學觀摩中再次深刻體悟，兩位教學者雖然是同一篇文本，看似對文本的理解是「同」中有「異」，但是在教學的呈現上卻是「異」大於「同」。怡辰老師從具象出發，歸結到自然知性語言和文學感性語言，而後以延伸閱讀引領學生關心環境，是一棵形象多元的生態之樹。飛耀校長從推理想像展開教學，透過詞語的品味思考我們與樹的關係以及作者的情懷，最後以感性的創作引發學生對未來的環境意識，是一棵情感豐厚的知性之樹。從課堂的氛圍形塑分析，飛耀校長的學生活動著重在於人文的薰陶和感染，怡辰老師的活動，重在合作學習和任務訓練，課型不同，各有特色，能從一篇相同的文本，延伸到不同的課型與教學風貌是這場教學觀摩中最大的收穫。

　　一件事情的完成，需要眾人的祝福與支持，活動的過程中感謝苗栗縣教育處大力的協助，謝謝國文輔導團召集人秋嬋校長的幫忙，謝謝我親愛的烏眉團隊在過程中的全力以赴以及家長會黃會長的真情支持，感謝夥伴的參與才有圓滿的結果。

　　教學不是一種革命，不需要驚滔駭浪，因為教學在生活裡。教學需要安靜觀察，觀察學生的需求、觀察教師需成長的空間；教學需要思考，思考在教育現場中的改變與未來；接下來是團隊的合作與分享，相信在教學中必會有所領悟。

　　當世界各國的教育都在轉型為「以學生為中心」，看重學生「如何學」，多於老師「教什麼」。如何讓學生、教師、家長，成為互動交流的「學習共同體」，而不是單向的「你教我聽」，需要學校、教師改變教學的思維，轉化為培養學生的「獨立思考能力」，讓學生擁有閱讀學習的方法和策略，學會主動求知、學會閱讀中的美感與喜悅，創造屬於自己未來的進行式。

參考文獻

張春興　教育心理學——三化取向的理論與實踐　臺北市：東華書局，1999年

施良方、崔允漷　教學理論：課堂的原理、策略與研究　上海市：華東師範大學出版社，2001年

饒見維　教師專業發展：理論與實務　臺北市：五南圖書出版公司，2003年

Sparks, D. A Paradigm Shift in Staff Development, *Journal of Staff Development* 15. 4（1994）, 26-29.

Robb, L. *Redefining Staff Development: A Collaborative Model for Teachers and Administrators*. Portsmouth, NH: Heinemann, 2000.

Organization for Economic Co-operation and Development PISA 2009 results：learning to learn: Student Engagement, Strategies and Practices, Volume III. Paris: OECD 2010

Schon, D. A. *Educating the Reflective Practitioner*. San Francisco: Jossey-Bass, 1987.

兩岸（寧波、苗栗）同課異構教學觀摩研討交流觀後感

曾祥茹[*]

一　緣起

　　在十一月的國文領域教學研究會中，孟君校長告知我們，將於十二月初在本校舉辦一場教學觀摩研討會，本以為只是一場簡單的教學觀摩，且感謝本校國文領域召集人劉怡辰老師願意接下此重責大任，所以此項活動便因為公務繁忙，而被我「暫時」擱置腦後。然而在第一次工作會報後，我才發現一切並不是我想的如此簡單。

　　此次活動為科技部「符合15歲國際評量規範之閱讀素養學習與評量雲端平臺」計畫兩岸教學觀摩研討交流，屆時將會有大陸寧波北侖外國語學校的特級教師劉飛耀校長，與本校怡辰老師進行一場「同課異構」的教學觀摩研討，會中將有國立臺北教育大學孫劍秋教授、桃園慈文國中吳韻宇老師、上海師範大學王榮生教授、李海林教授、寧波市教育局褚樹榮教授進行點評講解，同時本校也須辦理一次全縣性的國文領域教師研習。無論上述何者，對一所僅十個班級，教師也只有二十四位的偏遠學校來說，這都是一次前所未有的大挑戰。校長希望校內夥伴能以「拋磚引玉」的心情，來辦理這次活動，使本校教師

＊　苗栗縣立烏眉國民中學輔導主任。

獲得「自發性教學文化」的改變。

　　接下的日子，只能用「忙碌」二字形容，思考著如何講授出臺灣獨特的教學特色；思考著如何訂立出屬於本校文化的觀課表；思考著如何在僅有的設備中，創造出最大的效益，雖然這一樁樁皆是破天荒的挑戰，但烏眉團隊辦到了。

二　兩岸國語文教學概況

　　本次執教課程的文本為劉克襄先生的〈大樹之歌〉，怡辰教師教授的班級為自身導師班，而飛耀校長則是借班上課，雖然本校占有地主之利，但兩班學生的程度並無差異。

（一）怡辰教師的教學流程

　　本文在選文中歸屬於「環境教育」，作者劉克襄先生是臺灣自然寫作文學的代表，所以怡辰老師的引起動機便是請各組學生「畫出印象中的大樹」，在學生的發表中，引出作者手繪的大樹圖像，使學生明瞭到親身經驗及現場觀察對一名自然寫作創作者的重要性，以及反思課文中的大樹所面臨的生存問題。

　　緊接著，在音樂配合的引導下，讓學生朗讀出整篇課文，再發掘出一、六段的指稱詞為「他」；而二至五段的指稱詞為「它」，體會自然知性語言和文學感性語言共組自然寫作的情況。請各組學生發表討論結果後，教師總結今日課程重點，「自然寫作」的特色為：1. 融入客觀知性的自然語言；2. 重視人與自然接觸的經驗；3. 積極推廣生態保育的概念[2]。

　　最後延伸活動部分，怡辰老師則說明自然寫作最初是以環境議題

報導方式登場，再透過學習單——「樹難扎根／管理不分區 公園怎造林」，請讓各組學生站在生態問題的前端，尋求解決之道。整堂課程可說是節奏輕快，如行雲流水般一氣呵成。而學生分組討論後，教師亦能用「淺入深出」的提問方式，使學生一步一步思考出問題的答案，課室的學習氣氛愉悅並且成功。

（二）飛耀校長的教學流程

　　雖然飛耀校長在上課前並無時間和學生相處，但校長甫一開口便獲得學生的專注力，此時我才知道「聲音渲染的力量」是如此的大。飛耀校長的引起動機則是由導入甲骨文的「𣏾」（樹）字，表示「樹」字除種植意義外，亦有祭拜之意，使學生尊崇大樹。接著在帶領學生朗讀完課文後，請學生找出心中本文的關鍵字並抒發己見，教師也藉以說明課文中涵義。

　　正所謂「英雄所見略同」，飛耀校長也提出本文中「人稱」的變化，但不同的是，校長指出人稱變化為「他們——我們——你們」，說明作者希望傳達出生生世世保護大樹之心，讓青年學子懂得珍惜愛護地球。最後校長也展現出自身文學功力，朗誦一首自己創作的詩作結，讓整節課的氣氛凝結至最高點作收。

　　飛耀校長的課程可謂是渾然天成，他的字字句句彷彿打入在場每位教師及學生的心，這時我深深體會到：有效的教學便應是如此，在老師有技巧的提問下，學生從鴉雀無聲到踴躍發言；在教師豐沛感情的引導下，學生開始用心「朗誦」課文，體會到本文題目——大樹之「歌」，這正是我本次觀課最大的收穫。此外，飛耀校長的課堂

2　劉怡辰：《兩岸教學觀摩研討會手冊——〈大樹之歌〉教學設計》（2013）。

充滿設計，在他請學生在黑板上書寫完關鍵字後，竟將所有的關鍵字繪成一棵大樹，不但呼應本課題旨，也融合學生看法，正如其教學設想中所言：「本課教學分為兩個維度。一、文本維度：教師根據文本特質，引導學生把握課文的主要內容；二、學生緯度：教師應尊重學生的獨特體驗，引導學生以自己獨特的視角去解讀、品味、理解課文。」[3]無愧乎其有「特級教師」的美譽了。

三　觀課啟示

這次何其有幸，能親身參與由國科會計畫、國立臺北教育大學孫劍秋教授領導，兩岸國語文教學交流觀課活動，可說是滿載而歸。兩位老師的精采教學，值得大家見賢思齊，無論是知識素養、教學技巧、學習引導與語言表達等各項能力，各有千秋，不相上下。且現場諸位教授、老師的點評功力深厚，句句中肯，從各方角度，指出兩位教師的長處，更值得我引以為典範。以下就我所觀察到的幾處特點，與大家分享：

（一）多元創新的教學策略

這次觀課中，我發覺到兩位老師皆跳脫傳統式的教法，採取更有效、更能引起學生學習興趣的教學策略。怡辰老師的教學充滿知性，課程設計嚴謹，按部就班，引導學生慢慢走入本堂教學核心。如一開始的小組繪圖，教師希望學生除繪出大樹外，亦繪出大樹身旁的事物。此時各組學生在討論時，答案便能漸漸聚焦，點出現今環境生

3　劉飛耀：《兩岸教學觀摩研討會手冊——〈大樹之歌〉教學設計》（2013）。

態的問題。又如請學生朗讀課文時，一般學生總是胡亂地「念」完課文，既無感受，也無法體會作者深意；但怡辰老師用一段悅耳的自然音樂陪襯，頓時現場彷彿走入自然，學生的感情也自然流露。

飛耀校長的教學可說是一場感性的饗宴，其絕佳的聲音魔力及才華洋溢的風采，讓本校學生體驗了一場前所未有、撼動心靈的課程。他請學生找出本文的關鍵字，當學生開始閱讀並逐字找尋，此時學生學習態度是主動的；校長並藉由對詞字的探索、品析，讓學生思考人類與大樹的關係，可謂是「有效教學」的成功示範。

（二）有效學習的學生活動

一場有效的教學，學生才是學習的主體，很多時候教師在課堂上施展渾身解數，花招盡出，但學生仍舊活在自己的世界裡，既不用心聆聽，也不知什麼地方出錯，枉費力氣教學。「培養學生帶得走的能力」是一句常聽到的口號，然而如何達成？卻也一直是我心中的疑惑。在這次的觀課活動中，我在兩位教師身上，看到成功的示範。

當日不論哪一個班級，學生皆分為五組，兩位教師都在課堂中進行有效提問，達到良好的師生互動。不同的是：怡辰老師教學著重學生的合作學習，藉由小組討論，活躍學生的思維，找出老師詢問的答案。此外教師除注重文本分析外，亦注重學生自身經驗的結合。飛耀校長則以自身的親和力，感染並鼓勵學生主動發表自我想法，即使答案並不完美，學生也不會因此退卻，反而更積極找尋答案，來獲得老師肯定。本次研討會，若以閱讀教學的策略方向來看，怡辰老師可說是完美運用了文本中自然寫作的教材教學；而飛耀校長則成功的完成一堂蘊含人文情感的教學活動。

四　省思與結語

　　在去年，臺北市要求中小學校長每學期要到課堂「觀課」至少十五堂，以「校長觀課」的措施作為教學視導的方式，協助教師改變教學策略的作法（《國語日報》，第二版，2012年12月18日）；而在大陸，課堂「觀課」已行之多年，甚至有「臨時觀課」、「推門聽課」等教學視導措施，藉由觀課保障學生學習品質。反觀苗栗各校，積極推動觀課文化的並無幾所，或許這正是我們應改進的目標。本次觀課，讓我深深體會到，唯有打開自己心胸，讓同儕教師成為學習共同體，一起發現彼此教學的盲點，才能共同成長，激發出教學相長的火花。

　　此次兩岸語文教學觀摩中，大陸評課教授對臺灣教師教學中廣設人文關懷精神頗為讚許，而大陸教師富含情感的朗讀教學及提問引導技巧的純熟，這些皆是筆者須學習效法之處。期待未來能參與更多此類型的教學觀摩活動，增進個人視野，也希望相關教育單位，未來在舉辦類似研習時，能減少理論的講述，增加彼此觀摩交流的機會，相信在這「追求教師專業發展的路途」上，你我共同切磋琢磨，大家定能走出成功的一片天。

兩岸語文教學觀摩交流
——〈大樹之歌〉同課異構觀課心得

黃昱章*

一　前言

　　二〇一三年十二月十日在苗栗縣烏眉國中正進行一場別開生面的教學觀摩研討交流活動，來自海峽兩岸的不同教師齊聚一堂，透過相同範文的不同教學示範（同課異構），互相分享、討論閱讀素養如何有效融入文本之教學策略，除了協助個人得以成長進修之外，也透過共同激盪創新合作學習模式的機會，增進彼此的教學效能。

　　如眾所知，在十二年國教改革與推動的當下，課室內的教學型態逐漸改變，各校間教師專業學習社群的成立，讓以往常見孤軍奮戰的場景逐漸被團隊合作所取代，原本封閉的教學場域也漸漸對外開放，藉由公開授課、觀課和議課的模式，教學現場注入了新的思維與作法，其中最受關注的焦點，莫過於授課教師「如何詮釋教材文本」以及「如何引導學生體驗教材文本」兩方面，故筆者以此二向度為思考關鍵，嘗試分析此次國科會兩岸語文教學觀摩交流的觀課過程。

* 苗栗縣頭份國民中學國文科教師。

二 文本詮釋與教學活動

「同課異構」係針對相同教材文本，經由不同授課教師根據個人對教材文本獨特理解與體會，採取獨特的教學設計與安排，進而呈現出不同風格的授課過程，亦讓學生產生不同之學習感受。因此，「同課異構」提供了授課教師與觀課教師互補的機會，藉由觀摩彼此不同的教學設計，得以重新解讀教材文本，並激發出更多想像與創意。

就此而論，我們可以觀察到課堂教學的三個不可或缺元素：「教材文本」、「授課教師」和「學生」，且此三者間，又構成了如下圖之相互影響的關係網絡。

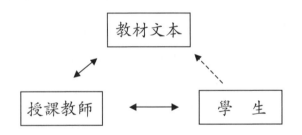

筆者認為，任何課程設計最終仍需關注於「教材文本」與「學生」之間的連結，也就是課程設計的主軸應建立在學生如何體驗教材文本，並進一步使之從教材文本中掌握知識、學習情意與獲得技能。但不論體驗教材文本或掌握知識、學習情意與獲得技能，二者皆有賴於「授課教師」與「學生」在課堂中互動的過程，也就是授課教師根據預期目標所安排之教學活動與策略，同時也隨時接受學生的回饋，以修正原本之教學設計。[2] 而「授課教師」所採取之教學設計概念，便來自於其本身對於「教材文本」的理解與體會，此則牽涉教師的個性差異。[3] 故可說：同課異構之所以可能，便來自於「教材文本」與「授課教師」的關連，和「授課教師」與「學生」之間的互動。

三　觀課現場紀錄

　　此次觀課現場主要由我國苗栗縣烏眉國民中學劉怡辰老師與中國大陸寧波市北侖區外國語學校劉飛耀校長，共同針對劉克襄先生〈大樹之歌〉一文進行範文教學。筆者以「教材文本與授課教師的關連」及「授課教師與學生之間的互動」分作重點記錄：

（一）「教材文本」與「授課教師」的關連

　　首先介紹兩位授課教師的教學設計，以及筆者個人的觀察記錄。[4]

授課教師	劉怡辰老師	劉飛耀校長
教學目標	㈠認識「自然寫作」的文學風格。 ㈡體會自然的可貴，進而尊重一切生命。	㈠通過朗讀感知，把握「大樹」的形象。 ㈡通過詞句品析，理解「我們」和「大樹」的關係。 ㈢通過比較探討，體驗作者情感，領會文章主旨。

2　林雯淑：「不同班級的學生，語文程度自然有差異，在課堂上表現也有所不同，教師課堂進行時自然會選擇不同的教學內容和教學方法來進行教學。」見林雯淑〈課室觀察另一章——同課異構以紙船印象觀課為例〉，收錄於孫劍秋等：《創新教學與課室觀察》（臺北市：五南圖書出版公司，2012年），頁161。

3　林雯淑：「由於教師的個性、經驗、學養不同，對文本的理解就會有所不同。……因教師的個性差異，也造成了課堂教學風格的不同。」同前注，頁161。

4　筆者根據承辦學校現場提供之手冊內容，加以根據實際教學活動區分為「教學目標」與「教學流程」兩大主軸，其中「教學流程」部分再細分為「引起動機」、「發展活動」、「綜合活動」三區塊。另補充筆者現場觀察的紀錄，並以◆符號作區隔。

教學流程	引起動機	㈠生態素描：勾勒大樹的樣貌。 ㈡大樹身邊有什麼。	㈠認識甲骨文「樹」字的寫法。 ㈡教師配樂朗誦課文。
		◆透過上述活動，引導學生： ①認識「手繪圖像」在劉克襄自然寫作中的重要性。 ②反思課文中大樹所面臨的生存問題。	
	發展活動	㈠學生共同朗誦課文。 ㈡判別課文指稱詞（他、它） ㈢找出課文中其他自然寫作的特性。	㈠整體感知：思考劉克襄筆下大樹的型態。（用關鍵字概括） ㈡詞品分析：統合所有型態，思考「人」與「大樹」的關係。 ㈢比較探討：介紹劉克襄創作理念。
		◆透過上述活動，引導學生： ①藉由再次朗誦文章，比較和前一堂課朗誦時的差別。 ②從指稱詞的不同，判斷「自然知性語言」與「文學感性語言」的差異，藉以理解「自然寫作」特色。	◆透過上述活動，引導學生： ①想像課文中「大樹」的樣態。 ②用關鍵字描述大樹的樣態。 ③從課文中找出佐證自己主張的句子。 ④統合學生所提供的所有關鍵字，並分析出文中大樹具備「人」的特質。 ⑤從文章脈絡中找出「人（作者）」和「大樹」的關係。

		⑥從課文句子的動詞（如：拜訪、探望、行禮、祈禱）中，判斷「大樹」狀況。 ⑦播放作者劉克襄親自介紹〈大樹之歌〉的影片。 ⑧帶讀最後一段課文，從「你」字的使用，分析「人（讀者）」和「大樹（大自然）」的關係。
綜合活動	㈠交待回家作業：閱讀剪報〈樹難扎根／管理不分區公園怎造林〉（《聯合報》，2013年9月21日） ㈡介紹電影：《看見臺灣》（齊柏林）	㈠以自作小詩〈你是大樹，我是孩子〉作結。
	◆透過上述活動，引導學生： ①了解自然寫作起於環境議題報導。 ②結合生活經驗，進而關心周遭生態問題。	

　　從上表內容，我們不難發現兩位老師的教學設計有著很大的差異：劉怡辰老師的教學內容著重於〈大樹之歌〉文章題材的介紹，可歸納為延伸學習。因此，設計內容大多以「報導文學」的角度切入，較少探討文本內容，如課程開始時，讓學生分組畫出自己心目中的「大樹」，最後則以有關生態之時事報導與生態電影介紹作為課程的結束，其間穿插「代稱詞」的比較分析，以掌握使用「自然語言」、「文學語言」的特色與目的。此一首尾連貫的教學模式，讓學生更進

一步認識「自然寫作」的特色。

　　劉飛耀校長的教學特色則在於教材文本的掌握，從授課教師抑揚鮮明的課文朗誦開始，直到最後播放作者親身介紹的影片，及分享自製小詩〈你是大樹，我是孩子〉，都是緊扣著文本發揮，進行教學提問時，亦時刻提醒學生回歸文本尋找答案的佐證，此模式讓學生更能掌握文本內容與作者意旨。

（二）「授課教師」與「學生」之間的互動

　　由於兩場課堂教學的學生，各自來自不同班級，因此筆者無從比較「學生」對於兩位「授課教師」的回饋，是否對授課教師的課堂教學造成影響與改變，僅能從兩場課堂教學中，略為分析兩位授課教師與學生互動的過程。

　　首先，在課室安排方面，兩場課堂教學都將全班學生分為五組，每組五至六人，且各組事先安排一名組長。因為學生是第一次接觸劉飛耀校長，未免在教學進行中，因為陌生的緣故而減少互動。因此，劉飛耀校長以「猜猜老師的年齡」作為課程進行前的暖身活動，在劉校長幽默風趣的談話技巧及保持笑容的親和表現，很快地消除授課教師與學生之間的距離感，這也營造出與學生間的良性互動模式。

　　其次，就筆者觀察，兩位老師在課程教學中都善用提問技巧，並適時鼓勵學生發言或作更深層次的思考，如劉怡辰老師在引導學生分析自畫的大樹型態圖與劉克襄先生手繪大樹圖像時，有如下對話：

　　　　劉怡辰老師（以下簡稱「師」）：分析看看兩幅畫作有什麼不同？
　　　　學生（以下簡稱「生」）：作者的畫作比較精緻。

師：為什麼作者的畫作比較精緻？

生：因為作者比較有時間。

師：如果再給你一些時間，是不是也可以表現得精緻？

生：（……）

從中，我們看到劉怡辰老師從鼓勵學生進行觀察兩幅圖畫的差異，到引導學生探索造成差異的可能答案，再進一步思考自己答案的可靠程度。這一連串的過程，不但提供學生深層自省的機會，也引導學生作深層思考。

至於，劉飛耀校長的提問則著重在指導學生回歸文本思考。例如，當學生用「老」這個關鍵字來描述大樹型態時，

劉飛耀校長（以下簡稱「師」）：如何（從課文中）看出大樹是「老」的？

學生（以下簡稱「生」）：「他的年齡比阿公和爸爸的年紀加起來都還大。」

師：為什麼要用相加的方式？那你的阿公和爸爸年紀加起來多大？

生：一一七。

師：由此我們可以知道樹的年齡是很大的。除此之外，還可以從哪些句子觀察到大樹是老的？

生：……

師：同學看到「看著金山鄉長大」這一句話。我們在通霄鎮長大，通霄鎮年紀有多大？

生：從小時候就有通霄。

師：既然小時候就有通霄，那麼大樹「看著金山鄉長大」，是不是也可以凸顯大樹的年紀？

在此簡短的對話過程，劉飛耀校長不斷嘗試讓學生回歸文本尋找可能的答案，並且藉由讀者本身的經驗，進一步體會與掌握作者表達的方式。

最後，筆者注意到兩位授課教師的教學風格也有所差異。劉怡辰老師能善用分組合作學習的模式，以學生為學習主體，自己則扮演「引導者」的角色，針對課程不同主題設計活動，供學生分組進行討論，並在討論過後引導學生分享與再討論。且不論在哪一個課堂教學階段的流程，都會提供每一小組充分討論的時間與空間，或者共同完成一份圖畫作品，又或者進行課文搜索。故而在教學現場，常可見學生彼此間熱絡討論，或是輕聲詢問對方「找到（答案）了嗎」。

劉飛耀校長則是屬於個人色彩較鮮明的教師，所扮演的是「傳授者」的角色，除了先行掌握文本的核心價值，並以傳統講授方式帶領學生一起進入作者的文本世界，從而探索知識、發掘情意，而構成以教師為主體的教學模式。因此，劉校長的教學現場較少見到學生間的團體合作，更多是以師生間的直接答問取代。此教學風格一如劉飛耀校長在「教學設想」中所描述之：「本課教學分為兩個維度。一、文本維度：教師根據文本特質，引導學生把握課文的主要內容；二、學生維度：教師應尊重學生的獨特體驗，引導學生以自己獨特的視角去解讀、品味、理解課文，……。」從中可以推知，既是要「把握課文的主要內容」，且能「解讀、品味、理解課文」，也就特別關注於授課教師是否講得清楚的教學模式。

四　結語

不論哪一種教學活動設計，「教材文本」、「授課教師」與「學生」之間，總是扮演著微妙的關係。從授課教師理解教材文本的過

程，決定出教學活動的深度與廣度，也間接影響了學生理解教材文本的方式，因此，授課教師在教學活動中仍扮演著重要的角色。既然扮演著重要角色，則有必要透過課堂教學的觀察、分享與回饋，學習他人優點以延伸個人視野，並進一步激盪多元思考。意即透過公開授課、觀課與議課的過程，進行個人教學歷程的內省，思索更多在課堂教學可以呈現的面向，從而提升學生學習興趣，並引導學生掌握文本脈絡和結合生活經驗。

透過這一場教學觀摩的交流活動，筆者深刻體會到兩岸在教學模式的發展有很大的差異，然而差異的存在無關乎教學優劣評比，交流活動乃是藉由課室觀察與分享回饋的機會，探索出彼此在教學方面的亮點，畢竟教學沒有最好，只有不斷精進，也唯有不斷精進，才能提升教學成效，並且讓學生具備迎接未來挑戰的能力。由衷感謝兩位老師精彩且無私的分享，並冀盼自己也能精進於教學。

參考文獻

孫劍秋等　創新教學與課室觀察　臺北市：五南圖書出版公司，2012
　　年

孫劍秋等著　閱讀理解與兩岸課程教學　臺北市：五南圖書出版公
　　司，2012年

兩岸教學觀摩研討交流活動觀後心得

——以「教學觀課」作為進路

林珊如[*]

一 緣起

　　烏眉國中是一個地處偏遠、設備老舊，但卻難得地擁有人情溫馨的友善校園，因偏僻小校人力單薄，即使堪稱各大領域中人數最多的國語文領域教師，總共也只有四位（含一位代課老師）。在二〇一三年十月底的國語文領域會議中，我們加入了一位新成員，是國中國語文領域教育部中央輔導團及苗栗縣國教輔導團的優秀團員——我們的林孟君校長。從這一刻起也正是一個重大挑戰的開始——二〇一三年十二月十日將在烏眉國中舉行兩岸教學觀摩研討交流活動，由本校推選的國文科教師代表劉怡辰老師與大陸寧波北侖外語學校特級教師劉飛耀校長，以「同課異構」的方式進行一場教學觀摩研討交流活動，課後有國立臺北教育大學孫劍秋教授、桃園縣慈文國中吳韻宇老師、上海師範大學王榮生、李海林、寧波市教育局褚樹榮等多位教授進行觀課點評，同時也是針對全縣國語文領域教師所舉辦一場以教學觀摩形式辦理的研習。這是我們的第一次、烏眉團隊的第一次，也是苗栗

---

[*] 苗栗縣立烏眉國民中學國文科教師兼任輔導組長。

縣的第一次,而我相信對臺灣大多數在教學現場中的國文教師來說,可能都還沒有機會參與這樣的第一次。

二 教學觀摩活動的意義與目的

關於教學觀摩的意義,陳大偉(2007)先生認為:觀課議課是一種對話。就彼此對話而言,它需要參與者有溝通與合作的意願;需要對話雙方各自向對方敞開,彼此接納;需要彼此間的積極互動與交流。就自我對話而言,議課要致力從「他人提問」引向「自我提問」,在自我對話中追求自我改變和自我超越。[1]邵光華、王建磐(2003)說:「這亦可稱為『互助觀課』:互助觀課的目的隨觀課者而定,觀課的中心內容隨觀課的目的而定。觀課前首先要有明確的目的,進而確定出觀課重點。在觀課策略方面,一些觀課內容可由觀課教師和被觀課教師共同商定,觀課期間應圍繞中心做好觀課記錄,觀課後討論要針對課題和學生而不是被觀課教師,最後結論應由觀課雙方共同完成而不是由觀課者單方來作。」[2]

此次的教學觀摩活動完全不同於「以往的教學觀摩」[3],而是教學同儕之間在教學活動中,經過教學觀察、對話討論等模式下的教學研究;藉由「課室觀察」(即大陸香港自一九九七年起所建立的「觀課」文化)、「議課評課(點評)」、「專業對話」等方式進行,希望透過觀察課室內的教學活動,檢視教學流程、課程設計、活動內容

---

1 陳大偉:〈走向有效的觀課議課〉,(2007)。
2 邵光華、王建磐:〈教師專業發展取向的觀課活動〉,(2003)。
3 「以往的教學觀摩」如筆者在前言中所述,指的是剛踏入教學現場的實習教師或新手教師們所被要求進行的教學觀摩,其實是一種「試教者」接受「觀摩者」指導與批評的活動。

等是否切合學生學習需求，並透過回饋分享與自我省思，探討教學實踐上的各種可能性，而達到有效教學的目的。

這是一個全新的觀課思維，必須參與的雙方都能夠敞開心胸，互助接納，才能有所收穫與成長。我想孟君校長一定看見烏眉團隊在「人和」上的優勢，因此即使必須先排除「天時」和「地利」上的重重困難，仍主動為烏眉爭取這難得的機會，讓我們親身體驗這次互助觀課的歷程。

這次兩岸教學觀摩活動是國立教育大學孫劍秋教授領導的國科會計畫——「符合15歲國際評量規範之閱讀素養學習與評量雲端平臺」計畫兩岸教學觀摩研討交流，其目的是希望透過實際課堂中的閱讀教學歷程，讓教師在自我省思中精進閱讀教學的專業。上海市在PISA2009及2012年的閱讀素養中都得到第一，本次特別邀請中國大陸上海市的特級教師及教授來臺進行交流，並且在「同課異構」的教學觀摩活動的歷程中，共同激盪出創新教學的策略與達成有效教學的可能。

三　教學觀摩活動實施歷程

觀課前的準備與討論、觀課中的觀察與思考，以及觀課後的對話與結論，都必須有詳細的程序與完整的規劃，才能達到觀課的有效性。

（一）觀課活動的計畫與課室觀察的工具

觀課活動的事先規劃工作，可區分為「教學者」與「觀課者」，二者必須透過共同討論與充份的溝通來進行每一項環結。如前文所述，校內國語文領域教師人數雖不多，但在領域會議時間裡，大家共

同腦力激盪，共同備課與討論觀課活動細節。

1 教學者：課程目標與流程設計、閱讀教學策略的運用等

因教學者劉怡辰老師的學術專長領域——臺灣文學「自然生態寫作」，而將文本選定為劉克襄作〈大樹之歌〉，並嘗試從自然寫作手法之特色來設定教學目標。例如，教學者很用心特地向文章作者劉克襄先生蒐集到他親筆創作的「手繪自然」圖片，作為教學的引起動機，且同時也作為介紹自然寫作特色的媒材。再者，透過與教學團隊夥伴的討論，課程設計增加了小組共同創作「手繪大樹」的合作學習活動，更豐富與活潑了課程的內容。

此次的教學策略是分組教學，採用小組合作學習的方式進行，以學生為學習主體的模式進行提問，教師是引導者的角色，讓學生透過小組討論、問題思考，讓學生自己找出答案，建構出屬於學生自己、帶得走的知識與能力。例如，教學者讓學生從文本中找出「指稱詞」——「它」和「他」，並且比較兩個用法的差別和理由。

延伸閱讀的設計，連貫自然寫作的主軸，採用自然生態寫作所關心的環境保育議題的新聞文章，並以PISA閱讀寫作的開放式問答方式命題，希望培養學生除了具有擷取文章訊息外，並能具備統整及省思的能力。

2 觀課者：討論觀課表的設計

參與課室觀察的老師們都希望能夠藉由觀課活動來提升自己的專業能力。然而，究竟該如何觀課、評課？以及觀課之前事先設定好檢核重點與指標，往往是一場「有效觀課」的關鍵所在。這次的觀課活動，在孟君校長的引領下，烏眉團隊設計了一份適合這次國文科觀課活動的觀課表。我們參酌十一月七日在彰化縣彰興國中舉辦的「彰化

縣一○二年度十二年國民基本教育精進國中小教學品質——臺、港
教學觀摩暨研討會」的「觀課紀錄表」，以及香港中文大學香港教育
研究所趙志成先生所作〈「優質學校改進計劃」的實踐：香港中學的
課堂教學分析〉（趙志成，2007）一文中的附錄「觀課表」，分別以
「教學發展活動」、「學生學習表現」、「綜合評價」這三個面向來
設定觀察指標，並採用4、3、2、1四個量化的等級來統計，4 = 優秀
（優點為主）、3 = 良好（優點多於弱點）、2 = 尚可（優點與弱點參
半）、1 = 待加強（弱點為主），並且輔以「文字補充敘述」來呈現
質性觀察的紀錄，[4]希望能夠顧及到量化與質性兩種紀錄方式的課室
觀察研究，讓課室觀察的活動成效能夠更具體的呈現並有效地運用。
觀課表的設計過程中，最大的困難之處應該是在決定哪些是必須的課
室觀察指標，以及設定指標名稱時的用字遣詞。除了希望所設計的觀
察指標必須能夠充份包含每個面向之外，還要求所設計的項目名稱必
須用詞精確，讓觀課者能夠在運用觀課表觀察的同時，也能夠進行思
考，並從中獲得教學專業的成長。

（二）觀課活動進行中的觀察與思考

　　觀課表的使用在臺灣的教學現場上其實尚未普遍，因此這次參與
觀課的教師們在使用觀課表也不熟悉，雖然如此，大部分願意提供自
己寶貴意見而認真填寫的老師們，都能正確的使用與填寫。我們同時
為了研究觀課表使用情況，另外設計一份觀課表意見調查問卷，希望

4　參閱烏眉國中國文教學團隊：〈苗栗縣烏眉國中「兩岸教學觀摩研討交流活動」
　　教學觀課表〉（2013）。苗栗縣立烏眉國中國文領域教學團隊：林孟君校長、曾
　　祥茹主任、林珊如組長、劉怡辰老師、莊雁筑老師。

瞭解使用者的意見，在活動之後回收觀課表與調查問卷，進行統整與評估，重新檢視是否需要調整觀課表內容。

　　以下為筆者在本次教學觀摩活動中使用觀課表的紀錄：

授課教師	劉怡辰老師	觀課者	林珊如			
授課領域	國文	觀察者領域	國文			
授課單元名稱	劉克襄〈大樹之歌〉	觀察日期時間	一〇二年十二月十日，45分鐘（開始／中段／末段／整堂）			

項目	觀察指標	備註	觀課紀錄				
			4	3	2	1	文字敘述（質性）
教學發展活動	1.課程設計切合學生能力	■教學目標切合課程重點 ■教學目標適合學生能力 ■教學活動設計配合課程重點 ■活動安排適合學生能力 □其他＿＿＿＿	✓				教學活動設定在認識自然寫作上，活動設計扣緊主題。
	2.教師使用有效教學策略	■運用教學策略引導學生高層次思考：■提問■引導■統整■省思評鑑 □其它		✓			以提問方式引導學生思考。
	3.使用教具媒體之適切度	■引發學生學習動機興趣 ■有效協助學生理解教學內容 ■其他 背景音樂使用適切	✓				使用劉克襄的手繪自然圖片介紹自然寫作特色。
	4.教師處理學生回饋與反應	□僅限於初步處理 ■引導發展 □其他＿＿＿＿	✓				能夠引導學生進一步思考問題與進行統整。
學生學習表現	1.學生上課保持專注力及正面反應	□有興趣 ■專注 ■自發 □其他			✓		學生學習很專注，並能主動發表意見。

項目	指標	評定內容	4	3	2	1	說明
	2.學生課堂積極參與	■能依指示回答問題 ■能提出自己的意見 □能積極參與小組討論與同學交流 □其他 _____		✓			學生表現雖略為緊張，但仍能夠依指示回答問題與說出看法。
	3.學生完成指定活動	■能自行完成 ■能按時完成 ■具創造力 □具批判思考能力 □其他 _____	✓				學生表現良好，且認真完成課堂活動。
綜合評價	1.教學目標達成度	□能適當調整教學方法／節奏 ■經常觀察學生的學習進展 □其他 _____	✓				課程發展流暢，能有效達成教學目標。
	2.時間分配與掌握度	■教學活動銜接順暢 ■教學節奏恰當 ■時間分配適宜掌握準確 □其他 _____	✓				運用播放背景音樂之方式，除了可提醒學生掌控時間，還能增進課室氣氛。
	3.師生互動與課室氣氛融洽	■營造支持鼓勵與互相尊重的氛圍 □整體課室氣氛融洽 □其他 _____	✓				教師能帶領同學鼓勵並尊重發言者。
	4.營造有效學習情境	■教學環境布置適宜 ■環境布置有助融入學習情境 □其他 _____	✓				布置符合教學主題之閱讀情境，增進學習融入情境。
量化界定說明（採用四分制）		4 = 優秀（優點為主） 3 = 良好（優點多於弱點） 2 = 尚可（優點與弱點參半） 1 = 待加強（弱點為主）					

授課教師	劉飛耀校長	觀課者	林珊如				
授課領域	國文	觀察者領域	國文				
授課單元名稱	劉克襄〈大樹之歌〉	觀察日期時間	一○二年十二月十日，45分鐘（開始／中段／末段／整堂）				
項目	觀察指標	備註	觀課紀錄				
			4	3	2	1	文字敘述（質性）
教學發展活動	1.課程設計切合學生能力	■教學目標切合課程重點 ■教學目標適合學生能力 ■教學活動設計配合課程重點 ■活動安排適合學生能力 □其他＿＿＿＿＿＿	✓				先以「樹」字甲骨文引起動機，引導學生以尋找關鍵字文本的的理解，進而體會作者所表達的情意。
	2.教師使用有效教學策略	■運用教學策略引導學生高層次思考：■提問■引導■統整■省思評鑑 □其它		✓			善於使用提問策略，激發學生討論與思考。
	3.使用教具媒體之適切度	■引發學生學習動機興趣 ■有效協助學生理解教學內容 ■其他＿＿＿＿＿＿	✓				善用簡報、圖片、音樂等媒材增進學習效果。
	4.教師處理學生回饋與反應	□僅限於初步處理 ■引導發展 □其他 立即正向回饋與處理學生答案	✓				對於學生的回答均能給予具體回饋，且引導學生發展進一步思考。
學生學習表現	1.學生上課保持專注力及正面反應	□有興趣 ■專注 ■自發 □其他＿＿＿＿＿＿	✓				學生均能積極投入課堂並展現高度專注與興趣。

	2.學生課堂積極參與	■能依指示回答問題 ■能提出自己的意見 □能積極參與小組討論與同學交流 □其他 _____		✓			學生踴躍回答問題，並能勇敢大方地表達出自己的看法。
	3.學生完成指定活動	■能自行完成 ■能按時完成 ■具創造力 □具批判思考能力 □其他 _____		✓			學生參與態度積極，並能認真思考且完成指定活動。
綜合評價	1.教學目標達成度	□能適當調整教學方法／節奏 ■經常觀察學生的學習進展 □其他 _____		✓			雖是首次見面的學生，但能運用課前提問與學生互動暖身。課堂間也不斷使用提問引導來觀察學生學習與調整教學。
	2.時間分配與掌握度	■教學活動銜接順暢 ■教學節奏恰當 ■時間分配適宜掌握準確 □其他 _____		✓			教學活動扣緊主題，活動銜接轉折流暢。
	3.師生互動與課室氣氛融洽	■營造支持鼓勵與互相尊重的氛圍 □整體課室氣氛融洽 □其他 _____		✓			學習氛圍始終保持著熱絡參與且友善融洽。
	4.營造有效學習情境	■教學環境布置適宜 ■環境布置有助融入學習情境 □其他 使用朗讀（文本、詩歌）有效讓學生融入課程情境		✓			善於使用口語朗讀引導學生體會課文情境，並讓學生發展情意進而也運用朗讀表現出來。
量化界定說明 （採用四分制）	4 ＝ 優秀（優點為主） 3 ＝ 良好（優點多於弱點） 2 ＝ 尚可（優點與弱點參半） 1 ＝ 待加強（弱點為主）						

（三）觀課後的發現與省思

　　透過觀課表的使用，讓我們可以更有條理與結構地檢視教學活動，我們分別由「教」與「學」的兩個面向觀察。透過觀察「教學者」的教學活動發展方式和「學習者」的學習表現情況，可以幫助我們了解「教師的教學是否達成預期的效果」以及「學習者的學習效果與教學專業的關聯性」，目的在於教師對於自身的教學之省思與專業成長體驗。對於教學者來說，是一次在教學職涯中非常難得的成長歷程；而對於觀課者來說，更是一次可貴的學習機會。

　　這次的觀課活動，對於所有的參與者來說，是一次相當驚奇且震撼的學習經驗，特別是透過同課異構的教學觀摩，更是具體而真切的體驗到教學活動可以多元化。透過教學觀摩活動的方式，的確能夠有效達成教學專業成長。同時，在這次活動中也發現：「有效教學」是需要透過團隊合作，以學習型組織的模式來進行，才能達到事半功倍的成效。

五　結語──問渠哪得清如許？為有源頭活水

　　透過這次活動與大陸教師與學者的交流，了解到大陸地區是經常舉辦這樣的教學觀摩活動，以增進教師彼此的教學專業技能；因實施教師分級制度多年，且分級明確競爭激烈。雖然如此，但是教師之間形成一種教學專業的「師徒制」，資深的特級教師能夠與精進中的教師們共同備課討論。就如劉飛耀校長在綜合研討時所談到，他是透過與前輩教授的對話討論，不斷地激發更多的體會與想法，相信這些在教學上都是珍貴的歷程。筆者認為，教學工作也是一種研究工作，研究過程是需要與他人討論和對話，才能夠激盪出更進一步成果的而

「教學觀課」正是最好的方式。

　　臺灣的孩子們正面臨未來在國際社會上的競爭挑戰，而臺灣的教育也正進入了另一波新的改革，鼓勵臺灣教學現場的教師們，敞開教室的大門，也敞開自己的心胸及視野，「他山之石，可以攻錯」，使我們的教學專業時常有機會注入清流活水，讓教育也可以不一樣！

參考文獻

陳大偉　走向有效的觀課議課，2007年

邵光華、王建磐　教師專業發展取向的觀課活動，2003年

烏眉國中國文教學團隊編　苗栗縣烏眉國中「兩岸教學觀摩研討交流
　　活動」教學觀課表，2013年

孫劍秋等　閱讀理解與兩岸課程教學　臺北市：五南圖書出版公司，
　　2012年

兩岸教學之我思
——點燃一把火[1]

孫劍秋、丁美雪[*]

一　序言

　　因應兩岸教學的交流，使用同一種語言的教學，如何才能增進教學效益，這是兩岸教育學者所關心的課題。在同聲相應，同氣相求之下，揭開了語言教育最美麗的相遇，也激盪出教學的漣漪。此次藉由「同課異構」的教學演示，讓同樣的一篇文本，在不同教學者的示範教學，產生了教學碰撞，使得觀察者得以反思兩岸教學的異同，並從中思索、探求彼此最適合的教學模式。本文即以觀察者的角度思考課堂上的有效教學，觀課過程中覺察兩岸不同的教學模式與觀課後進行反思與建議。希望達成語文教學的目的——教師教學效能與效率同時提升，增強學生學習動機，讓學生樂在學習中。

---

[*]　孫劍秋，國立臺北教育大學語文與創作學系教授；丁美雪，高雄市立旗山國中教師。

[1]　標題引用愛爾蘭詩人葉慈（W. B. Yeats）：「教育不是注滿一桶水，而是點燃一把火。」（Education is notthe filling of a pail, but the lighting of a fire.）。教師身為教學活動的設計者，可以選擇成為知識的「灌輸者」或「引導者」。如果是「灌輸者」，則視學生為水桶，知識如同水流一般注入給學生，注滿為止；而如果是「引導者」，教師則為火種，學生是柴火，在引燃學生的求知慾之後，柴火能夠自行繼續燃燒。

　　隨著兩岸教學交流活動的日益頻繁，國科會「符合15歲國際評量規範之閱讀素養學習與評量雲端平臺」計畫也舉辦兩岸教學觀摩研討活動。此次活動於一○二年十二月九日至十日分別於桃園、苗栗舉辦兩場「同課異構」的教學演示，希望藉由兩岸教師的範文教學示範，分享閱讀素養融入文本之有效教學，進行有效教學實踐與創新合作學習教學，期能增進教師教學效能。

二　觀課前的思考

　　身為教師，如何在課堂上進行有效教學？如何讓學生從課堂中進行體驗學習？如何得到教學最大效益與效能？筆者以為應從三個部分討論。首先是作者：作者所作篇章何以傳誦而成為經典作品，原因為何？作者透過哪些寫作手法達成寫作目的？篇章內容又如何表現地有層次邏輯？其次是教師：教師如何演繹作者的作品，清楚地將概念知識、文章邏輯層次、傳遞給學生？教師如何啟動學生對於知識的好奇心？第三是學生：學生如何將所學知識概念化，如何透過文章反覆地細讀探索，感受文章的細膩之處，體會作者的情感，建構語文知識能力？

　　理想的教室應該是──教師啟動學生的學習動機；學生帶著「想要解決問題」的意識進入課堂；之後，教師有系統地組織、引導學生對於陳述、理解與掌握知識，繼而導引出學生對於課堂的主觀能動性。筆者試著以下圖做說明：

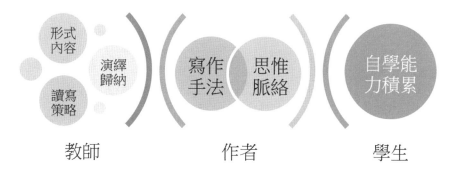

圖一：教學過程中，教師、文本作者、學生三者之關聯圖

教師在教學過程中透過教學的引導，導向學生的認知層面，從文本的形式、內容中或演繹，或歸納整篇文本教學的核心，最後導入讀寫策略中。例如：關鍵字如何尋得？文本脈絡如何推進？教師教學過程中運用各種教學方法、策略，為本文之所以形成經典範文做說明。學生從教師的教學，從文本作者寫作的手法與思維脈絡推展，模仿其寫作，達成聽、說、讀、寫的能力。意即：學生自學的養分來自於教師平日授課，來自於作者，因此蓄積了其日後自學的能力。

三　觀課中的發現

此次觀課以「同課異構」的方式進行。藉由不同教師演示的同一文本，觀察者將以——教學者如何達成教學目標，師生之間如何共同詮釋文本，進行觀課。透過教師與學生間的互動，觀察學生在本次課堂是否有學習行為的改變與語文知識、能力的增進。

透過「同課異構」可以更瞭解兩岸在教學不同的側重面向；也可以看出同一篇文本，透過不同的教學重點，導出不同的教學效果；更進一步可以開闊觀課教師的眼界，充分感受名師細心經營的一堂課。[2]

（一）桃園場

教學者	教學課次	教學目標	教學重點
桃園楊明國中蔡淑梓老師		1. 統整文章主要訊息。 2. 體會文章美麗的感情。 3. 省思圍繞在自己周遭的各種關懷與愛。	整合詮釋第四、五段文本，深刻理解文意，省思文本內容。
上海師範大學李海林教授	紙船印象	1. 關注到文本的一些語言特徵，從這種關注中把自己的閱讀初感提升到對文本深層情感的解讀。 2. 依據文本的提示，定向地調動自己的生活經驗，從母親的愛對兒童時和成年時這兩個不同的維度來領會母親的愛對作者的情感影響。	1. 第三段語言的節奏與韻律。 2. 第四段對母親的心境的體驗。 3. 第五段對敘述角度的轉換的把握。

1 蔡淑梓老師

如上圖所示：蔡淑梓老師在此次的教學，重點在於第四、五段文

---

2 此次教學演示兩篇文本簡略說明如下：

〈紙船印象〉為臺灣鄉土文學作家洪醒夫的作品。洪醒夫藉由童年時下雨天紙船遊戲的描述，記敘母親在雨天農忙，即使心憂於農作物，仍能心平氣和地運用巧思與蘭手為子女摺紙船，凸顯母親愛護子女之心。等到作者身為人父，事後回憶，更能深刻感受母親當年的「舐犢情深」，並期待自己能夠傳承母親之愛給予兒女。

〈大樹之歌〉，由自然生態作家劉克襄所作。〈大樹之歌〉──自然生態寫作文學，這類文體與國中國文課本常有的文學性作品比較不同。基本上，自然寫作有基礎的文學架構，有知識性或科學印證的專業觀點，也有濃厚的人文精神。因此，除了文學性的語言的感受抒情之外，也有科學性語言的實際紀錄與觀察。

意的推究，希望學生可以掌握並體會文中描述的「美麗的感情」；並且從作者筆下的描述，探討作者母親的特質，從中體會母愛並表達對母親的感謝，最後歸結到自我的期許；最後將整個教學重點導引到學生，希望學生可以擴大至——「省思圍繞在自己周遭的各種關懷與愛」。

淑梓老師透過分組合作學習的模式，讓學生可以主動、無壓力地參與課堂並提出想法意見，這是淑梓老師教學成功之處。在課堂的設計，淑梓老師以PISA閱讀歷程的三面向作為提問設計，如：

> 紙船印象，在作者心中的印象是什麼？
> 作者覺得母親的愛是什麼樣的感情？
> 為什麼很美麗？
> 圈選與「美麗的感情」有關的訊息。
> 省思「在自己周遭的各種關懷與愛」。

藉由各小組討論與發表——母親的特質，最後由教師統整說明：

> 以孩子為優先考量；用堅強的意志力面對人生的困難；能樂觀、正向地面對生活上的挑戰。

淑梓老師以輕鬆活潑的方式為學生授課，相信學生亦感受到淑梓老師如春風般和煦的教學。整堂課所呈現出的教室風格是親切、活潑與開放。但是，對於教學的第三個目標：「省思圍繞在自己周遭的各種關懷與愛」，雖然可以給學生對於日常生活較多的反思，卻也容易流於文本教學外的蔓蕪，無法深入文本探索。建議：教學流程可以再緊湊、提問設計可以就文本再深入地給予學生更多的思考與表達。

2 李海林教授

李海林教授這一場演示給予臺灣教師更多的思考點——語文形式

的表達問題。作為教科書的選文，其文章自然有其經典、典範處。翻開一篇範文，讀者最先看到的是文章的文字與情感的表達。但是，作者文章形式的表達，筆者以為：臺灣教師較少觸及與教學。例如：文字節奏的部分。文本中洪醒夫寫到：

> 我們在水道上放紙船遊戲，花色斑雜者，形態怪異者，氣派儼然者，甫經下水即遭沉沒者，各色各樣的紙船或列隊而出，或千里單騎，或比肩齊步，或互相追逐，或者乾脆是曹操的戰艦—首尾相連。形形色色，蔚為壯觀。我們所得到的，是真正的快樂。

作者提到：「我們所得到的，是真正的快樂。」。依據現場觀察：現場教師對於這一段教學的演繹，大都從文本內容來言說解釋。但是李海林教授使用的教學活動是以語文的節奏、韻律來表現。透過連續幾次的提問：

> 作者說：「我們所得到的，是真正的快樂。」請同學說說，你從哪些句子感到了這種「快樂」？
> 這些句子在語言上有哪些特徵，讓你感受的這種「快樂」？

雖然現場聽課的學生無法解讀李教授所提問的問題核心（作者運用「四字句」所形成的節奏，與「快樂」的情緒相呼應。），可是這也考驗教學者的即時反應。李教授隨機應變地試圖引導學生——「作者以快樂的形式寫快樂的情感」、「我一定要讓你們快樂起來」，最後直接帶領學生念「ㄅㄥˋ——，ㄅㄥˋ——，ㄅㄥˋ——ㄅㄥˋ——者」，「ㄅㄥˋ——，ㄅㄥˋ——，ㄅㄥˋ——ㄅㄥˋ——者」，一次一次、不厭其煩地帶領學生、鼓勵學生深入其境地體驗語言節奏所導出的情感。學生在李教授語言節奏教學活動之後，朗讀的情感明

顯與初次明顯不同，情感表現更豐富有感。

　　此外，強調形容詞的使用——作者對母親艱辛的體悟；敘事的角度——關注到文本與讀者的關係。李海林教授這堂課的教學帶給學生有層次的閱讀經驗。

　　此次的教學，筆者建議：在句式節奏的教導上，除了能以文章寫作的形式帶領外，若能再搭配文本內容，讓學生深入地知道何謂——「作者以快樂的形式寫快樂的情感」，學生更能領受作者表達的意涵。因為就學生的學習認知而言：學生是先瞭解文章內容，再領略文章的其他表達方式。例如：通過對紙船的特寫聚焦的描述，學生由認知的角度重新感受洪醒夫寫作此篇的文意脈絡。從紙張來源（不同的色紙，自然有不同的花色）、摺船技術（母親不是專業摺紙船人員，所以品質不穩定，因此摺出來的紙船型態多樣），紙船遊戲（遊戲當中各式各樣紙船的航行狀態）。從作者寫作材料的取捨方面，作者沒有描述與同伴紙船遊戲的過程，而將重點置於描摹紙船航行的情態，讓閱讀者直接感受到遊戲當中的各種比賽情況，也因而領略到作者所謂的「我們所得到的，是真正的快樂。」。

（二）苗栗場

教學者	教學課次	教學目標	教學重點
苗栗烏眉國中 劉怡辰	〈大樹之歌〉	1. 認識「自然寫作」的文學風格。 2. 體會自然的可貴，進而尊重一切生命。	1. 體會自然知性語言和文學感性語言共組自然寫作的情況。 2. 了解「自然寫作」的特色：融入客觀知性的自然語言；重視人與自然接觸的經驗；積極推廣生態保育的概念。
寧波市外語學校 劉飛耀校長		1. 通過朗讀感知，把握「大樹」的形象。 2. 通過詞句品析，理解「我們」和「大樹」的關係。 3. 通過比較探討，體驗作者情感，領會文章主旨。	1. 整體感知「那是怎樣的一棵大樹？」。 2. 詞句品析「文中的『我們』和『大樹』的關係怎樣？」。 3. 比較探討「作者究竟借『那樹』要表達怎樣的情愫？」。

1 劉怡辰老師

此堂課，感受到劉怡辰老師教學活動的精心設計，從引起動機到教學活動的進行，到最後以學習單，讓學生站在生態問題的角度，積極尋求對策，教學流程順當，時間掌控亦在預設時間內達成。

　　怡辰老師在課堂一開始教學活動為：以小組為範圍，勾勒校園大樹的模樣並分享所繪的大樹圖像，以此引發學生學習動機。怡辰老師在此教學活動的目的是：「生態素描為劉克襄生態寫作的特殊重要的部分」。但是在此堂課，學生的活動不是像劉克襄一樣的實地觀察，而是以想像的方式進行繪畫活動。因此，兩者的關聯性教師有必要再連結說明。此外，由這個活動的介入帶領出劉克襄生態素描在其自然寫作的目的：一為「提供讀者按圖索驥的教育功能」；二為「呈現作者觀看自然的感性視角」。筆者以為：上述劉克襄的自然寫作目的，即使是教師都要經由大量的同作者不同篇章的研讀後，才能歸納出來的結論；就七年級的學生而言，教學活動中若沒有大量舉例讓學生明瞭，透過此次教學以口說的方式，沒有實際進行體驗、操作活動，即使學生口說瞭解了，是一知半解。因此，建議怡辰老師可以再追問，或者以教室中劉克襄其他的書籍，藉由分組學習各自討論，並舉例說明，確認學生理解其自然寫作目的。

　　怡辰老師在本節的教學活動是以透過〈大樹之歌〉一文，總結「自然寫作」文學的特色——「融入客觀知性自然語言；重視人與生態接觸的經驗；積極推廣生態保育的概念。」建議教學時應以七年級學生可以了解的口頭語表達，並以此篇文本舉例說明。如此，不但可以深入文本，更可以貼近學生的生活經驗，而非使用書面語言的陳述，造成學生理解上的困難。

2 劉飛耀校長

　　劉校長在課堂一開始即透過示範朗讀，將學生帶入文本情境之中。對本課的解讀，比起自然寫作特色的歸納，劉校長的授課切入更多文學性的視角。在此堂的觀課活動中，感受的是劉校長對於文本深入的探析。透過提問：「人和大樹的關係是什麼？」導引出本課關

鍵詞句——「拜訪、探望、探視、行禮、祈禱」。「拜訪、探望、探視」是對老朋友的用詞,「行禮、祈禱」則是代表大樹的尊貴。大樹雖尊貴,卻未受善待,因此作者歌唱「大樹之歌」,呼籲要珍惜與愛護自然。在人稱代詞的導引下,從「他們不善待大樹」→「我們仔細探視」→「你已長大到能爬上他的樹肩,站在他的肩膀……」,從「他們」到「我們」到「你」,語義的承接是:未來保護大樹、愛護大樹的重責大任移轉至下一代(作者的孩子)。劉校長在此段教學活動設計層層遞進,有結構層次。

雖然活動設計有結構層次,但是相對地教學實踐時,就得考慮學生的學習效能。建議在各段教學時間比例分配上,應再考量。以整堂教學活動而言,雖然切了幾個教學重點。但是,就教學比重上,劉校長教學前段節奏較慢;而教學後段略顯快速、緊湊。尤其是教師統整整篇文本的時候,教學時間的安排需要再慢下來,否則學生的反應跟不上教師,教學就會呈現主要以教師的「教」為主;若可以將速度趨緩,讓學生自行反芻、消化、吸收,多方探索,教學活動就會轉為以學生的「學」為主,學生則會思考的更多,更有收穫。

四 觀課反思與建議

透過不同教師詮釋的〈紙船印象〉,讓我們看到教學的兩種風貌。蔡淑梓老師在文本的內容較多闡述以及與日常生活經驗較多的關聯;李海林教授更多的部分是藉由文本形式的表現帶入文本內容的探析。

而〈大樹之歌〉,經過兩位教師的詮釋,教學也有不同的風貌。如果說:怡辰老師的教學風格著重在理性文本的探析,著重在作者劉克襄的生態素描風格呈述與「自然寫作」的特色;那麼劉校長就是側

重在文學角度感性的告白，通過文學語言的陳述，進行了情感交流。

透過兩場名師的「同課異構」的教學方式，讓我們感受到兩岸教學不同層面的側重點。大陸教師更著重於文本深入的鑽研；臺灣教師的特色則在於整體的學習與統整。但無論為何，課堂的主人是學生，教學更重要的是關心學生的學習成效。而要達到學生的學習成效，教師的角色至為重要。教師如何備課，教學設計如何進行，如何以學生為學習中心，如何兼顧到各組表現，都是亟切深思的問題。筆者在此以下列三點作為此次觀課的反思與建議。

（一）備課的新視角

教師除以學習社群建立共同備課之外，還要更多地瞭解學生的學習狀況。教師必須站在學生的學習角度思索，應該用哪種教學方式？教師在教學過程中除了說 "what" 外，更多的必須還得說 "why"。同樣內容表述相同的親情文章——「母愛」，洪醒夫寫來聚焦、深入，真摯感人；但一般人缺了什麼，所以文章情感表現膚泛，無法打動人心？作者透過怎樣的陳述，達成寫作目的。這個部分就是讓學生學習經典範文何以經典的原因。

過去在課堂上，教師花費太多時間在「語文知識」的解說，忽略高層次的思考與討論。現在，教師應該開始思考：我究竟要教出怎樣的學生？以「異言堂教室」的隱喻思考，透過「翻轉課堂」的實施，教師先針對課本設計問題，教學時間轉為讓學生多討論、多發表。理想課堂的呈現應該是：讓學生對課本先有疑慮，帶著想要解決課本困難的心走進國文課。那時，學生的學習就是自主、主動性了，教師也可以退居一旁，聆聽學生的發表，適時再給予引導回饋。

（二）閱讀策略導入

　　無論是備課的新視角，亦或是閱讀策略的導入，都是教師從學生學習認知的角度思索，符應學生的學習經驗。所以理解學生的學習狀況，掌握學生認知理論，這是身為教師應有的前提認知；但是學生學習時，也該保持在最佳心智狀態，這時應該教導學生在自我學習時，他們應有「自我監控策略」。

　　過去考試領導教學，學校段考端考字音字形、解釋、默寫的比例約在百分之五十至六十，學生平時只願意加強自己的「語文知識」，對於文本完全沒有繼續閱讀的動力。但是筆者以為：未來學生都必須具備的能力為──掌握關鍵字的能力，理解文章脈絡的能力，具有反思與評鑑的能力。因此，對於文本的深入、反覆與再三咀嚼研讀，有其必要。此時，教師教導「連結策略」（除了連結原有的背景知識外，還有課文內的連結策略），設計教學活動，讓學生經由文本的細讀，仔細思索文本的線索、脈絡，掌握這一課的核心知識；而且相同主題的篇章也可以經由連結策略來做比較閱讀。

　　在感受到文字之美後，是否也可以由朗讀理解感受到作者透過語音表達──「言外之意」，這是「朗讀策略」……。

　　教師如果可以針對不同的文本特色設計不同的閱讀策略，讓學生在閱讀時是「有意識」地進入文本，自覺性地使用各種策略，自然可以深度探索文本，增進對文本的瞭解。而非過去鐘聲一響，進入教室，坐在椅子上，打開課本，等候老師進入，聽從老師指令的一貫模式。此時，課堂風格將會大大改變。

（三）從閱讀到素養形成

　　閱讀，首先是直覺式的閱讀。先是瞭解文本的內容，再來是理解文本的內容透過何種形式手法表達出來[3]；繼而，閱讀最重要的一個環節就是作者以何種寫作技巧，透過怎樣的思惟釐清文本的脈絡，這是文本之所以形成經典的原因，也是學生學習最重要的部分。

　　學生透過語文課的教學，學習作者對於篇章的安排，包括文章的主題、背景，以及作者的寫作目的；為了達到寫作目的，作者所使用的各種語言現象，如：詞彙、句式與句子結構等。因此，教師授課時不僅要分析主旨和解釋詞彙，而且要分析作者謀篇布局的特點、遣詞造句的手段以及篇章的背景文化。所以文本教學不僅重視語言功能，而且還要重視語言的形式。意即：教師進行教學時，不能只講解文本意義和說明文本結構，不僅重視作者的思維方式，也應該著重在探析語言現象，說明形成結構的語義關連。

　　透過語言教學的實踐，學生逐步能完成各項歷練，最終形成閱讀素養。筆者試著以下圖表達：

　　學生在平日透過教師的指導，形成第一個同心圓，了解文本內容需由文本的形式表達；透過自我閱讀的實踐歷程中，知道文本作者的

3　語言形式以表達內容為目的，內容表達是否清楚、流暢，與語言形式關係極為密切，二者缺一不可。因此語言形式與思維內容在篇章教學的實施中都應受到同等的重視。

　我們對文章的表層結構的理解主要是靠語法能力和語言能力來完成的，通過對文章大意、細節、事件發生順序、對比、人物特徵和因果關係等途徑來進行。漢語篇章連貫的形式手段粘合著篇章的語義內容，標示著文章語義的伸展線路。因此，要提高學生的語文能力，就必須切實訓練學生對漢語篇章中各種形式連貫手段的敏感度。見方麗娜：〈篇章教學中的雙層次處理研究——以九年一貫第二階段國語文領域教學為討論範疇〉《高雄師大學報》第18期（2005年6月），頁82。

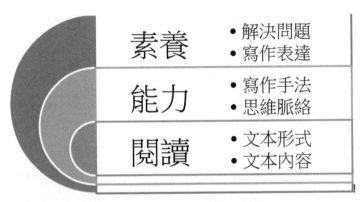

圖二：從閱讀到素養形成——同心圓式閱讀

思維脈絡與寫作手法的傳遞，這是第二個同心圓；由第一與第二個同心圓的蓄積，最終形成閱讀素養。在此階段，學生不但可以在寫作上充分表達各種議題，也具備在日常生活中養成解決問題的能力。

　　思索過往，教師教學只重視文本內容的呈現，忽略了釐清文本之所以為經典的探索。經過兩岸教學演示的交流，我們可以反思：何種教學方法讓學生更可以感受作者寫作的情感與思考的脈絡？教師如何將作者心目中的語言圖示轉化為學生知曉的語言，並且形成學生的語言圖示，擴充學生思考的面向，多方探索？事實上，魔鬼藏在細節中，教學準備過程中更多的是不避繁瑣，勇於探求繁瑣，最後化繁為簡。而語文教育應該是教師教學效能與效率同時提升，增強學生學習動機，讓學生樂在學習。

參考文獻

方麗娜　篇章教學中的雙層次處理研究——以九年一貫第二階段國
　　語文領域教學為討論範疇　《高雄師大學報》第18期（2005年6
　　月），頁79-95。

從對方的眼中看見自己
——兩岸（閱讀素養學習與評量）同課異構活動訪談

褚樹榮*劉怡辰**劉飛耀***

一　背景

　　時維葭月，序屬仲冬。臺北教育大學教授孫劍秋先生運籌于國科會團隊，溝通至兩岸語文人士。經略數月，「符合15歲國際評量規範之閱讀素養學習與評量雲端平臺」計畫兩岸「同課異構」教學觀摩研討活動在臺灣舉行。臺灣桃園縣楊明國中蔡淑梓老師和上海師範大學李海林教授執教臺灣作家洪醒夫的〈紙船印象〉，臺灣苗栗縣烏眉國中的劉怡辰老師和寧波北侖外國語學校的劉飛耀老師執教臺灣作家劉克襄的〈大樹之歌〉，臺北教育大學孫劍秋教授、臺灣桃園慈文國中吳韻宇老師、上海師範大學王榮生教授、寧波教育局教研室褚樹榮老師分別對兩岸的課例作了點評。執教者課堂精彩，點評者扼要中肯。所到之處，互動氣氛熱烈。但囿於時間，課堂背後之奧妙，尚未昭然。活動結束後，兩岸同仁預約繼續工作，以深度省思之成果，供更多的同行研討和分享，此文即其中之一。

＊ 寧波市教育局褚樹榮教授
＊＊ 苗栗縣烏眉國民中學教師
＊＊＊ 寧波北侖外國語學校劉飛耀校長

二 課例

【劉飛耀執教】上課伊始，我在幻燈片上呈現了大篆體的「𣗳」字，讓學生猜猜這是什麼字？孩子們都沒有說準確。接著我把這個字拆分為三個部分：即「屮」、「豆」和「又」，孩子們明白了「樹」字。我趁機告訴學生，「樹」吸日月之精華，閱人世之滄桑，自古以來就備受人們敬重，這樣就導入課文。

首先是我飽含感情地誦讀了課文，感覺學生已進入情景。然後讓學生速讀課文，並用一、兩個關鍵字概括「大樹」的形象，幾分鐘後紛紛上臺板書並闡述了自己的理由。

有的認為，這是一棵「古老」的大樹，因為「他的年齡比阿公和爸爸的年紀加起來都還大。」有的覺得，這是一棵「茂盛」的大樹，因為「他看起來還是很強壯，很能生長的樣子。」而且這是棵「基部足足可讓四人擁抱的大樹」。有的強調，這是一棵「頑強」的大樹，因為雖然已經枯死一段時候了，但「它的枯枝已有一些紅色的嫩芽，準備掙出天空了」。有的感慨，這是一棵「友善」的大樹，因為有十來種的草木寄宿在它的身上。有的讚美，這是一棵「無私」的大樹，因為「平地的鳥群最愛集聚那兒」，吃它長出來的肉紅色的漿果。

我把孩子們寫在黑板上的關鍵字圈連起來，然後畫成了一棵大樹的形狀。同時提醒他們，大家對大樹的印象已經超越了自然形態而多了一些感性色彩，這一點和作者的感受可謂異曲同工，因為文中作者對大樹的稱謂也是頗有意味。一經我提醒，個別聰明的同學立馬回應，文中首尾兩段作者用了表示人稱的「他」，而中間四個自然段用了無生命的「它」。

於是，我趕緊追問，文中的「我們」又是怎樣對待大樹的呢？請圈畫出相關的語句。交流明確之後，我引導孩子們把目光聚焦在下面

四個語句中：1. 冬末時，我們去北海岸拜訪一位爸爸的老朋友。2. 以前爸爸去金山賞鳥，都會順路去探望它。3. 我們仔細探視這位老朋友，它的枯枝已有一些紅色的嫩芽，準備掙出天空了。4. 我們把樹洞清理了一下，偷偷地把魚網拉下來。然後，離去之前，向樹身行禮、祈禱。

我接著問孩子們，這四個語句中有些詞語運用很特別，你發現了嗎？孩子們紛紛表示，「拜訪」、「探望」、「探視」、「行禮」和「祈禱」這些詞語很特別，因為這些詞語一般都用在很「莊重」的地方，看來，在作者的眼裡，這棵大樹已經不是一般意義上的「大樹」了，而是一位受尊重、受愛戴的「長者」了。我順勢引導，「我們」如此尊敬大樹，那其他人呢？「他們」又是怎樣對待大樹的？孩子們不無遺憾地回答，人們並非很善待它，他們把老樹當成垃圾筒，甚至還在「它的身上纏繞了電線，還掛魚網鋪曬」。

於是，我也惆悵地告訴孩子們，這棵看著「金山鄉的大樹」已經真正地死了，在地球上消失了，邊說邊把黑板上畫的「大樹」用板刷擦掉了。接著，我又強調，真是因為這樣，所以，書寫自然生態的作家劉克襄先生才會寫下這篇文章，寫下〈大樹之歌〉，那麼，他究竟要歌頌什麼呢？

很多學生指出，作者要歌頌大樹，同時希望人們能夠善待大樹，保護環境；也有學生覺得，作者這是在讚美大樹、頌揚大樹，同時批評了那些破壞大樹的人們；更有學生認為，「大樹之歌」既是大樹自己的歌唱，也是作者對「大樹精神」的禮贊……。

於是，我適時播放了一段採訪劉克襄創作〈大樹之歌〉的影像片段。等孩子們看完影片，我也陳述了自己對〈大樹之歌〉理解：我們要像敬畏自己的生命那樣敬畏像大樹一樣所有的生命，滿懷同情地對待生存於自己之外的所有生命。一個人，只有當他把所有的生命都視

為神聖的，把植物和動物視為他的同胞，並盡其所能，去幫助所有需要幫助的生命，他才是道德的。

　　當孩子們深入理解〈大樹之歌〉的內涵之後，我進一步引導學生思考：課文結尾有一個詞語很「突兀」，請大家探究一下。小組討論以後，孩子們逐漸明確，這個詞語就是「你」字，因為課文寫了「我們」，也寫了「他們」，結尾卻用了一個「你」字。那麼，「你」到底指的是誰呢？到底是誰可以站在大樹肩膀，看到湛藍的海洋呢？經過思考，孩子們紛紛表示：這個「你」就是我們，就是現實生活中的每個「孩子」，每個成長中懂得呵護、尊重「大樹」的孩子。

　　在課的最後，我呈現了自己寫的一首小詩〈你是大樹，我是孩子〉

　　　　你是大樹，我是你

　　　　親愛的孩子，

　　　　雖然只是偶爾的拜訪，

　　　　雖然僅僅只有順路的探望，

　　　　但只要我雙目緊閉，我的靈魂

　　　　就不斷地把你的面容顧盼，

　　　　你在遠方默默地凝視我，

　　　　我在遠方也默默向你行禮、祈禱

　　　　我們沒有言語，但我的心

　　　　卻感覺到你總在呼喚著我──

　　　　我要托你的鳥朋友傳遞

　　　　你的孩子，正在幸福地長大。

　　　　總有一天，我會

　　　　站在你的肩膀，

　　　　一起去看湛藍的大海……

【劉怡辰執教】為了將課堂的焦點從「教」轉移到「學」，鼓勵孩子互相學習，尊重孩子們個別的差異並賦予不同的學習任務，我將「合作學習」的理念融入教學，試圖從「合作學習」的理論中建構出新的教學模式，以實現提升「閱讀素養」的目的。

（一）引起動機：生態素描

手繪圖像是劉克襄自然寫作中不可忽略的部分。我們的校園有許多大樹，在教學進行之前，先要求孩子在校園中觀察這些大樹，並憑自己的感覺進行描繪。上課伊始，首先請五個小組的代表上黑板展示自己畫出的大樹：孩子手繪出的大樹，呈現出每個人不同的觀察面向，甚至帶有各個地方的特色。接著呈現劉克襄的手繪大樹，並請孩子們比較：我的大樹和劉克襄的手繪大樹有什麼差別？最後思考：我眼中的大樹和劉克襄筆下的大樹為什麼不一樣？自己手繪的大樹身旁可能會出現什麼景象？通過這些思考，讓孩子們能夠反思課文中的大樹所面臨的生存問題，並以所處的苗栗通霄地方也有類似的生態保育問題進行比較，讓學生瞭解生態保育的重要性以及作者寫作的目的。

（二）文本讀講

1 課文朗讀

透過前面的活動讓孩子瞭解身為作者對生態保育的憂心，能夠將心比心來理解劉克襄寫作本文時的心境，用這樣的同理心來理解並誦讀課文，更能體會作者創作時的用心。

誦讀完畢，再補充交代生態素描在劉克襄「自然寫作」中的意

義：發揮按圖索驥式的教育功能，呈現關照自然的感性視角。

播放「自然之音」作為背景音樂，要學生沉靜心靈，再次朗讀課文。讀後談談此次朗讀和第一次朗讀有什麼不同感覺，孩子們藉此更理解劉克襄的角色心境：他不僅是生態保育者的角色，更是老朋友的角色，也是虔誠的敬拜者的角色。

2 提問省思

請同學思考：文中人稱「他」和「它」有什麼變化？為什麼會有變化？初步思考後，小組合作，完成學習單的填寫。學習單以表格形式，有四個空格（「他」出現的段落？原因？「它」出現的段落？原因？），讓五個小組討論完成後到黑板上張貼，為了讓閱讀更深入，也能和其它組別的同學分享。從展示來看，五個小組基本上都能明白：用「他」，是作者把自己當成大樹的朋友，用擬人的手法介紹表達對這棵樹的關切；用「它」，以生態保育者的角色，用客觀的語言，交代關於這棵樹的知識。自此教師小結：「它」是自然知性語言，「他」是文學感性語言。自然知性語言和文學感性語言水乳融合，就是自然寫作的表達上的特色。

3 總結全文

藉此，向孩子們拋出問題：自然寫作是不是「靜觀萬物皆自得」的文學寫作？討論後孩子明白，這裡的〈大樹之歌〉並不是一個文學童話，不是一個寓言，而是切切實實的自然保育議題。學習這篇文章，期望我們不再以萬物之靈的眼光來睥睨大自然的萬事萬物，以物我平等的角度去仰看這棵大樹，看待我們所處的自然環境，重視人與自然接觸的經驗，以此奠定學生們生態保育的觀念。最後總結「自然寫作」的特色：（1）融入客觀知性的自然語言；（2）重視人與自然

接觸的經驗；（3）積極推廣生態保育的概念。

（三）延伸閱讀，連接社會

聯繫臺灣熱播的齊柏林《我的心，我的眼：看見臺灣》紀錄片，補充交代臺灣的自然寫作最初是以環境議題報導方式紮根。老師透過〈樹難紮根〉、〈管理不分區，公園怎造林〉等報導文章讓學生站在生態問題的前端，積極關注解決的對策，並期待孩子能透過〈大樹之歌〉一文拓展眼界，將注意力放在我們切身的生態議題之中，學以致用。

四　訪談

（一）作家的創作和教師的教學

褚樹榮（下稱「褚」）：對於大陸的教師來說，作家劉克襄並不是一個很熟悉人物：市面上很少見到他的作品，教材也沒有選用他的作品。但臺灣教師就不同，據我所知，執教者劉怡辰老師還發表過研究劉克襄作品的論文。請問飛耀老師是如何鑽研課文以縮短選文不熟的「落差」？怡辰老師是如何理解劉克襄的創作的？這樣的理解又如何影響著你們的教學？

劉怡辰（下稱「辰」）：用生命投入自然的劉克襄，在「自然的題材裡挑戰多樣化的觀察角度和書寫形式，儘管寫作的版圖持續擴大，但呈現的仍是對臺灣問題的長期關注。他體認到臺灣自然寫作者必須有出世返回入世的責任，寫作必須與生活環境並駕齊驅，主動找出對應的姿態。

劉克襄認知現代社會下的自然就是無所不在，而他更需像個導覽員，引介所有人認識自然，進而尊重自然、保護自然。因此在教學中，我也期待引領學生與大樹成為好朋友，與自然建立親密的關係。

劉飛耀（下稱「耀」）：對於劉克襄以及他的作品，我本來就知之甚少。為此，我決定直面課文，「裸讀」到底，努力發掘出課文最適宜學生學習的內容。在細讀中，我發現這篇課文的語詞有著許多「偏離」的現象。比如「大樹」是「爸爸的老朋友」表明了什麼？僅僅是看樹怎麼要用「拜訪」這樣表示鄭重其事的詞語？緣何課文一開始不點明「老朋友」就是大樹而採用了設謎式的句法結構？隨著細讀的深入，這樣的語詞偏離現象不斷地引發我深入的思考，從而縮短與選文不熟的「落差」。

褚：看來，就文本的意義而言，怡辰老師基於文本教「作家意義」，飛耀老師基於文本教「讀者意義」。客觀條件不同，進入文本的路徑有別。對於飛耀老師來說，「裸讀」到的東西不一定都在課堂中呈現，請你說說除了在課堂中「教」的內容之外，你還研讀到那些有價值的東西？對於怡辰老師來說，假如你對劉克襄的寫作背景沒有研究，這篇文章除了教「自然寫作」之外，你認為還可以教些什麼？

耀：讀完〈大樹之歌〉，我覺得在劉克襄的筆下，這已經不是自然意義上的大樹了，而有著象徵的意味。尤其是課文最後一句：不知下一回再來看他是什麼時候？也許，那時你以長大到能爬上他的樹肩，站在他的肩膀，看到湛藍的海洋。「你」、「長大」、「他的肩膀」、「湛藍的海洋」，這些充滿象徵的寄寓性和暗示性的語詞，不斷地開拓我對「大樹」的審美想像空間，引發我思索「大樹之歌」的言外之意、韻外之旨。我甚至有些武斷地認

為，這棵「大樹」其實就是「一位慈祥的老人」、「一段懷念的歷史」和「一種優良的傳統」！「大樹之歌」更能讓我們領悟到深遠的意蘊。

辰：如果不以「自然寫作」的基礎來理解，我想我會以「環境保育」的觀點切入，教導孩子體會自然的可貴，進而尊重一切生命，並進行「生命教育」的教學。

褚：在這裡，我們可以看到有趣的分野。飛耀老師始終把〈大樹之歌〉當成一個文學「隱喻」，關注含蓄、象徵、寄寓、暗示等文學特質。依辰老師始終不離「自然」、「環保」等議題，所謂「生命」話題，也是在自然和人平等的理念下聯想到的。這種不同讓我們看到：教師不同的知識背景和對文類特點的認識如此深刻地影響著教學內容。

（二）文體的特徵和教學的處理

褚：「是什麼就教什麼」、「是什麼就怎麼教」可能是被普遍認同的一個觀點。前一句話是說，特定的文體應該有著特定的教學內容，後一句話是說，不同的文體應有不同的教學處理。從文體上考察，你兩位覺得〈大樹之歌〉是一篇什麼樣的文章？有何特徵？

耀：〈大樹之歌〉是一篇散文。散文有「外在的言說物件」，就「大樹」而言，它確實存在過，只是現在已經枯萎了；但這篇散文中的「大樹」，通過作者的語言營造，已然成為個人化的言說對象了，課文呈現的只是作者的眼所能見、耳所能聽、心所能感的「大樹」。唯有通過對言語的體味，我們才能真正把握劉克襄對「大樹」的獨特體驗，才能感受〈大樹之歌〉所傳達的人生經

驗。另外，從語體交流的形態和對話的方式來看，〈大樹之歌〉又屬於「傾訴體」散文，課文直接地以「我」、「你」等人稱相呼，以傾訴式的口吻來抒發作者獨特的感情，文中的「大樹」在很大程度上是作者抒發情感的一個載體，它始終湧流著作者情意的浪花。

辰：〈大樹之歌〉是記敘文，但兼有抒情的成分。作者的自然寫作不假雕飾，以直樸為上，與大樹親近的感情也是如此。因此本文的特色明顯：1. 自然樸實的真情流露。作者將大樹視為老友，經常探訪，給予照顧，這種愛護自然、關心保育的情感藉由樸實的文筆進行真實的紀錄，讓人感受到與自然和諧共處的真誠和愉快。2. 觀察用心，可成範例。本文以一棵雀榕大樹為主體，除描述其樣貌及成長情形，還觀察周遭生態、地理環境、人為傷害、自然死亡等，這些事情時時都在發生，此種景象處處都可見到，但是一旦用心去關懷、記錄，就成為為「自然寫作」的範例。

褚：飛耀的「散文說」，是文體判斷，依辰老師的「記敘文說」更加廣義，說是文類判斷更準確一些。判斷不同，但有一點認識是共同的，文章確實是敘寫了「確實存在過」的長在「金山鄉」的一棵老雀榕，並且也抒發了作家投注在這棵雀榕上的情感。其實，紀實和抒情都是散文（狹義）或者說記敘文（廣義）的基本要素。在我看來，劉飛耀教的是文學的樹，更重作者的抒情和象徵，劉怡辰教的是生態的樹，更看重作者的紀實和關懷。對同一篇文章的文體判斷較為接近，但教學為什麼有著這樣不同關注點？是什麼樣的原因造成了教學處理的差異呢？

辰：我想可能是文化上的差異。整體說來，臺灣自然寫作是伴隨著生態環境的日益惡化而產生和發展的。七○年代，臺灣社會在自飲大地反撲的苦果以及西方生態保育觀引進的雙重刺激之下，驚

覺生態問題日益惡化，因此報導文學乘時在臺灣文壇興起，各種副刊和雜誌大量刊登，挖掘臺灣各種問題，尤其表現對生態浩劫的憂心。這類型作品的起興，使臺灣文學形成一種參與社會、改造社會的「入世性格」，成就臺灣文學新的觀察角度。面對殘缺不全的臺灣，部分作家成了生態保育者，他不滿足于書寫性靈文字，不逃避現實作出世高蹈，他們不僅關懷自然，並且透過書寫，試圖在中西自然觀之間，發展出屬於臺灣解決生態問題的方法，這種寫作題材也同時為臺灣文壇注入活水，形成特殊的文學創作現象。所以，在我眼中，〈大樹之歌〉不只是文學的樹，而是代表臺灣人對生態保育的關懷。

耀：這種差異的造成，一方面是由於我的孤陋寡聞，對於劉克襄及其創作的情形較少涉獵，僅僅只是瞭解到他是當代臺灣「自然寫作」的代表人物。當然，通過「惡補」，我明白了「自然寫作」是臺灣在面對生態問題中逐漸形成的，具有一定地方特色的文學創作現象，所以我認為劉克襄眼裡的大樹，既是「生態之樹」，更是「文學之樹」。另一方面，與我自身對文本的解讀姿態有關。我始終認為，文學文本的意義構成首先來自于文本本身的語音、字、詞、句、段等組織關係，這種文本的組織關係在閱讀主體的參與下能生成一個多義的、意蘊豐富的結構。為此，在備課時，我努力尋找構成文本潛在結構和「召喚結構」。

褚：很好，文體特徵背後有奧妙。飛耀老師把〈大樹之歌〉看作是「文學文本」，尊重文學文本的特質，進行「文學閱讀」。而怡辰老師處於臺灣文化語境中，對於「自然寫作」的來龍去脈了然於心。飛耀老師認為，〈大樹之歌〉既是「生態之樹」，更是「文學之樹」，依辰老師認為，〈大樹之歌〉不只是文學之樹，更是生態之樹。飛耀把〈大樹之歌〉教成「定篇」，一個文學經

典；依辰把它教成「例文」，一個環境保育的主題範本。可見，文體特徵的判斷背後，文學理念、課程理念甚至社會價值觀都在或隱或現的起著作用。

（三）文本的理解和教學的內容

褚：很顯然，你們兩位元對於文本的理解是同中有異，而且好像是「異」大於「同」。這裡有幾個問題涉及到主要教學內容，想求教兩位：在你們看來，劉克襄和這棵大樹是什麼關係？面對這棵大樹，劉克襄是一個什麼角色？這樣的角色賦予文本什麼意義？教學如何對待這種意義？

辰：劉克襄在處理自然寫作的題材時，他所扮演的角色不只是一位作家，更是一位生態保育的實踐者。一個文學工作者，可以用行動去實踐他悲憫萬物的理念，這在眾多只是躲在書房中吟風弄月的文人裡，是少見的。

這樣的寫作態度使得〈大樹之歌〉不只是一篇以大自然為題材的文學作品，更是在書寫中辯證自然生活的新定義，找尋人與自然和諧共生的解答。因此我認為〈大樹之歌〉的教學應該奠基在作者的創作理念之上，不可有所悖離。總之，劉克襄要表達什麼，我就教什麼。

耀：備課時，我曾搜索到劉克襄的一次創作訪談視頻，他深情地談到了自己對大樹的感情，讓我明白劉克襄與大樹之間的關係非同尋常。甚至可以這樣說，面對這樣一顆隱密的、通靈的大樹，作者始終都只是一個天真的、懵懂的孩子。這樣的角色定位讓我們在閱讀文本中，時不時能感受到作者對「大樹」的那份敬重、愛戴和虔誠之心。教學中，能讓學生分享到作者這種人生體驗，我認

為是很重要的。

褚：「英雄所見略同」的是，你們都抓住了文本中的「人稱」，並且就「人稱」的變化組織教學，但是，相映成趣的是，兩位劉老師的「抓手」一樣，但「抓」起來的內容卻不太一樣。請分別說說「人稱」延展出的內容以及想法。

耀：劉克襄的〈大樹之歌〉結構井然、層次分明：首段用表示人稱的「他」引出大樹，中間五段則用非人的「它」來介紹「大樹」的特點，尾段再用表示人稱的「他」來照應開頭，但這不是課文的脈絡。如果細加分析，不難發現，劉克襄在文中有意識地寫到了「我們」、「他們」以及結尾一句的「你」，這些人稱詞的巧妙安排，才使課文的脈絡得以暢行，也體現了作者情理意志的貫通：「我們」如此敬重這棵「大樹」，而「他們」卻肆意傷害著「大樹」，只有「你」認識到了「大樹」的不凡價值，才能站在他的肩膀看到「湛藍的海洋」。

辰：作者在第一段與末段用「他」稱呼大樹，因為他以「老朋友」的關係和感情來告訴孩子：第一段爸爸告訴孩子他和大樹的朋友關係，最後一段則是小孩站在大樹肩膀，也是朋友關係；中間數段用「它」稱呼，因為是說明性的告知有關雀榕的相關資訊。

褚：相對於飛耀老師對於課文人稱的細緻研究，依辰老師略顯粗放一些。但是，飛耀的細緻是過分解讀呢？還是依辰的簡單化處理（只抓住「它」和「他」）正中肯綮？只有劉克襄自己才能回答。反正對於文本的語言，兩位老師都比較重視，但是處理方式各有不同。怡辰老師歸結到自然知性語言和文學感性語言，飛耀老師通過那是一棵怎樣的樹起問，抓住關鍵字展開教學，通過詞語的品味思考我們與樹的關係以及作者的情愫。請說說各自的構想。

耀：在對「大樹」的形象把握中，我估摸著學生的理解是有區別的，而這種區別更多體現在對「自然之樹」和「人性之樹」理解上。課堂上，學生呈現在黑板上的關鍵字恰好表明這一點：許多學生對「大樹」的理解僅僅停留在「粗壯」、「古老」、「茂盛」等表徵印象中。這就需要教師引導學生更多地去把握「大樹」、「無私」、「包容」、「豁達」的形象，通過詞句的品析、語境的勾連，領會作者蘊含在字裡行間的深情。在分析「我們」和「大樹」的關係時，我更是要求學生把文中描寫「我們」的相關語句圈畫出來，通過交流討論，讓學生充分理解諸如「拜訪」、「探視」、「行禮」、「祈禱」等詞語的內蘊指向。

辰：臺灣文學研究者陳健一說，「自然寫作」是「自然語言與自然體驗辯證過程中延伸出來的一種文學類型。」定義雖然簡短，但卻清楚點明文學語言、自然語言加入創作者實際的自然經驗是此文類強調的重要特質。所以在教學中我想特別想釐清「自然」的位置。

在這類作品中，「自然」擺脫傳統附屬于「文學」的位置，而和「文學」並列。過去自然作為文章的場景，是連繫作品人物思想和情感的工具，但在自然寫作中，「自然」變成主要的觀察對象，環境的描寫或可帶領讀者觀察人類生存的生態空間，或可成為控訴人類破壞自然生態的方式；而當中所謂的「自然語言」，常常建立在專業科學知識的基礎上，「客觀」、「知性」更是這類型作品經常出現的基調，非過去純然主觀感性的抒情文體。這點是我在教學中希望學生引起重視的部分。

褚：很有趣，文本的認識有如此差別：飛耀看重作家借自然之「樹」來表達主觀之情，「樹」是憑藉而非表達的目的。依辰認為自然之「樹」是主要的觀察和關注對象，「樹」是表達的目的而非寄託。

（四）學生的活動與閱讀的素養

褚：我們欣喜地看到，不同的文本理解決定了不同的內容和教法，但學生都充分地活動起來了。請各自羅列一下課堂中學生的主要活動。並說說為什麼設計這樣的活動？

耀：就整個教學過程而言，我主要設計了五項活動。開始的「猜字導入」遊戲激發學習的興趣，同時初步感受古人對「大樹」的獨特情懷；「誦讀感知」活動是讓學生在整體感知文章內容的基礎上，把握課文所呈現的溫和平易情感基調；「形象把握」環節力圖讓學生對作者筆下的「大樹」有個立體的印象，從而進一步把握作者的情感取向；「視頻觀看」活動則是把作家「引進」課堂，從「知人論世」的角度讓學生對文本所承載的意義以及作者的情感有了更為深刻地認識；「比較探究」活動是讓學生在語句品讀、人稱辨析中，讓學生深入理解作者對「大樹」的獨特情感，從而理解自然生態作家的人文關懷。

辰：如課例所述，我設計的主要教學環節是學生活動，學生的活動主要有三種：一是朗讀。朗讀有二次，首次朗讀在「手繪大樹」之前，第二次在介紹劉克襄生態素描對於自然寫作的意義之後，兩次都有背景音樂。通過二次朗讀，熟悉課文，而且明確劉克襄和大樹的關係，從而更加理會劉克襄的心境。二是手繪大樹，而且上臺發表。主要是為了從比較中認識到劉克襄對於大樹的情懷。三是討論、完成、發表、解釋課堂作業單，這是這節課的核心環節。因為抓住「它」和「他」就抓住了人和樹的關係，就切入到自然寫作的寫作特色。

褚：從課堂現場來看，劉飛耀老師的學生活動側重在於薰陶和感染，劉怡辰老師的活動，重在合作學習和任務訓練。對於閱讀素養的

形成，你們認為自己的設計有什麼效果？

耀：一跨進苗栗縣烏眉國中的大門，看到校園裡那麼多參天大樹時，我就欣喜自己的設計一定會有效果，因為我將要面對的是一群每天在大樹的蔭庇下成長的孩子。況且，整堂課的教學流程我也是遵循文學作品「感受——感染——感悟」的過程展開的，學生們一定能在情感和理性的共同作用下獲得啟迪和領悟。其實，從課堂結束後，孩子們圍著要我簽名，和我留影的情形來看，文學閱讀重視情感薰陶這點還是成功的。

辰：關於閱讀素養研究有很多成果，目前國際上流行的「PISA」項目將閱讀素養定義為理解、應用、及反思文章內容，來實現個人目標，增進並發揮潛能，以培養參與未來社會的能力；評量的重點則在於：對文本訊息的擷取、發展、解釋、省思；評鑒文本內容、形式及特色。在這次的教學設計中，「課文朗讀」重點在於理解文本，「人稱辨別」是針對寫作技巧解釋分析，「延伸閱讀」則是運用習得的概念，將其推廣至生活，增進知識與發展潛能。教學活動多元，目的即在培養學生的閱讀素養。

褚：好，一個敘述現場效果，一個參照評量規範。前者從產生的結果看效果，後者從目標的達成看效果。兩種效果，一個是偏向於感性，一個側重在理性。

（五）教師的素養和教學的創意

褚：請劉怡辰老師說說你是如何指導學生繪畫，如何設計課堂作業單。為什麼你要學生發表繪畫和作業單？

辰：我不是美術教師，沒有指導學生繪畫的水準，但是課前就佈置任務，觀察校園裡的大樹，或者苗栗家鄉的大樹，用自己的眼去觀

察，用自己的心去體會，用自己的筆去表現。孩子筆下的大樹，可以不入專業畫家的法眼，技巧在這裡是不起作用的，我們不是比較誰畫得更像，而是在於你眼目中的大樹是怎樣的。作業單是我們精心設計的，我們用鉛畫紙印上彩色的背景，底部是芳草地，上面插上「大樹之歌」的標牌，然後草地之上是分欄表格，主要填寫「它」和「他」出現的段落和原因。這樣漂亮的作業單，一組只有一張，他們很看重，都把它作為自己小組重要的作業來完成，作為漂亮的成果來展示。

我之所以把小組合作完成和展評作業單作為這堂課的核心環節，是為了實踐「合作學習」的理念。學生圍繞這份漂亮的作業單活動，可以提升學習的向心力和凝聚力，並增強在課堂上學習的參與度；我也能夠透過觀察完成作業單的過程，了解每個小組中成員所扮演不同的角色，並及時調整指導每個孩子不同的學習任務，讓老師從知識的傳授者轉變成學習的促進者與諮詢者。圍繞這張作業單的合作學習，除了能大幅提高孩子的學習興趣之外，學生也更容易瞭解課文主要內容與關鍵意義。

褚：請你再補充說說自己的研究生研究課題和教學這篇課文的關係。

辰：過去在清華大學碩士班就讀時，曾發表論文〈劉克襄動物小說中的自然與文學──以〈風鳥皮諾查〉、〈座頭鯨赫連麼麼〉為中心〉，論文梳理臺灣自然寫作的發展，後聚焦至劉克襄動物小說的自然探察與文學表現。〈大樹之歌〉的課程設計大抵是同樣的切入點，我選擇以文中人稱做為媒介，讓國中生理解臺灣自然寫作的文學語言與自然語言，內容簡單，概念也能清晰。

褚：劉飛耀老師的課堂充滿活力。請你自己評價一下這幾個環節：1. 開頭的「樹」的導入。2. 學生板書後你的樹形板書。3. 結課時你創作的詩。

耀：語文教師要學會用「兩條腿走路」，一為教學內容的精準確定，一為課堂教學的精彩實施，前者是「學科能力的體現」，後者是「教學技藝的演繹」。「開頭的『樹』的導入」，為了「暖場」，為了較快地拉近師生之間的距離，能讓孩子在陌生化的窘境（公開教學）中放下包袱，而把注意力集中在老師帶來的充滿張力的教學活動上；如「樹形板書」以及後來把它擦掉的細節安排，是為了「聚焦」，為了提升學生散文閱讀的興趣，促發學生的思維始終聚焦在「學習內容」上；三是結尾自創小詩的呈現是為了「意味」：為了讓教學充滿情趣而留有餘味，一堂好的課如一篇精緻的美文，起承轉合自然清晰，又如一首動聽的樂曲，抑揚頓挫餘音嬝嬝。當然，這些也僅僅只是我在教學上的一些「雕蟲小技」，效果是否真正達成還是有待商榷的。

褚：最後請兩位說說從對方教學中看到什麼長處，反思到自己有什麼缺憾，從本次「同課異構」中感悟到什麼。

耀：聽怡辰老師的課，我覺得可以用「清水出芙蓉，天然去雕飾」的詩句來概括。她的教學目標十分明確，課堂上每個活動的設置都是有指向的，而最後又是百川到海，讓學生真正理解了「自然生態」寫作的特質；她的教學內容相當集中，儘管課堂上大部分時間讓學生在理解「他」與「它」的不同語用特點，但是通過小組活動的實施，學生基本都掌握、明曉了這一教學內容；她的教學姿態非常平和，課堂上總是充滿著和風細雨的提醒和叮嚀。對照自己的教學，我覺得怡辰老師最為可貴的是她本身就是研究「自然生態寫作」，深厚的理論底蘊使她對〈大樹之歌〉的教學得心應手，遊刃有餘。就這點而言，我是有缺憾的，也需要在今後的教學中予以加強。

辰：飛耀校長的教學可說是一場感性的饗宴，其絕佳的聲音魔力及才

華洋溢的風采，讓本校學生體驗了一場前所未有、撼動心靈的課程。他請學生找出本文的關鍵字，當學生開始閱讀並逐字找尋時，學生的學習態度是主動的；劉校長藉由對詞字的探索、品析，讓學生思考人類與大樹的關係。飛耀校長以自身的親和力，感染並鼓勵學生主動發表自我想法，即使答案並不完美，學生也不會因此退卻，反而更積極找尋答案，來獲得老師肯定，可謂是「有效教學」的成功示範。這些都是我必須再加以學習的部分。

五　結語

同一篇作品，竟然演繹出如此不同的課堂，確實啟發良多，這裡只談二點作結：

首先是教學內容的開發源於對課文的認知不同。臺灣作家積極入世，關懷鄉土文化、關注人和自然的倫理關係，藉此居然形成「自然寫作」的流派。劉克襄他們以文學和藝術的方式探尋古道、參訪大樹、保護動物、關注環境，從而啟發社群尋找對策，重建倫理指示價值導向，所以臺灣的劉老師「觀點鮮明」地認為〈大樹之歌〉不是那種「靜觀萬物皆自得」的文學作品。於是，她的教學即根植於臺灣作家這樣的創作理念和價值觀念，這當然教對了！大陸的劉老師立足於對文本「讀者意義」的建構，關注的是讀者對於作品意義的「再生產」。用解讀學理論來說，任何作品一旦離開作者，就獲得了獨立自足的意義，而這種意義只有在和讀者的「對話」中才能產生。所以他是「有理有據」地教「裸讀」所得，當然也是不錯的！

其次是對教學的不同追求也規定著教學的側重。在大陸的劉老師看來，「語文教師要學會用『兩條腿走路』，一為教學內容的精準確定，一為課堂教學的精彩實施，前者是『學科能力的體現』，後者是

『教學技藝的演繹』」，所以飛耀老師在課堂裡淋漓盡致地展示了教師個人的教學素質和親和魅力。臺灣的劉老師牢牢抓住「合作學習」和「閱讀素養」這兩個概念。整個課堂形態就是師生和生生之間的「合作學習」，而這樣的學習是指向「閱讀素養」的提升，因為劉怡辰所在的團隊就是臺灣「符合15歲國際評量規範之閱讀素養學習與評量雲端平臺」計畫成員，所以她更加顧及「計畫」在學生身上的達成度。

　　從對方的眼中看自己，應該是兩岸舉行「同課異構」的目的。如能夠以對方之長處彌補自身之不足，兩岸互動也就達到目的。作為現場的觀察者，我驚奇地發現，兩堂課的特點，正是各自的優點，也恰好是各自的弱點。讀者諸君，你們以為如何呢？

語文教學叢書 1100006

碰撞下的震撼與火花：兩岸中學名師教學觀摩與評課專輯

主　　編	孫劍秋
責任編輯	邱詩倫
特約校稿	陳漢傑
發 行 人	陳滿銘
總 經 理	梁錦興
總 編 輯	陳滿銘
副總編輯	張晏瑞
編 輯 所	萬卷樓圖書股份有限公司
排　　版	浩瀚電腦排版股份有限公司
印　　刷	晟齊實業有限公司
封面設計	斐類設計工作室

發　　行　萬卷樓圖書股份有限公司
　　　　臺北市羅斯福路二段 41 號 6 樓之 3
　　　　電話 (02)23216565
　　　　傳真 (02)23218698
　　　　電郵 SERVICE@WANJUAN.COM.TW
大陸經銷　廈門外圖臺灣書店有限公司
　　　　電郵 JKB188@188.COM
香港經銷　香港聯合書刊物流有限公司
　　　　電話 (852)21502100
　　　　傳真 (852)23560735

ISBN 978-957-739-872-7
2014 年 6 月初版一刷
定價：新臺幣 260 元

如何購買本書：

1. 劃撥購書，請透過以下郵政劃撥帳號：
　帳號：15624015
　戶名：萬卷樓圖書股份有限公司
2. 轉帳購書，請透過以下帳戶
　合作金庫銀行 古亭分行
　戶名：萬卷樓圖書股份有限公司
　帳號：0877717092596
3. 網路購書，請透過萬卷樓網站
　網址 WWW.WANJUAN.COM.TW

大量購書，請直接聯繫我們，將有專人為您服務。客服：(02)23216565 分機 10

如有缺頁、破損或裝訂錯誤，請寄回更換
版權所有・翻印必究
Copyright©2014 by WanJuanLou Books CO., Ltd.
All Right Reserved　　　　**Printed in Taiwan**

國家圖書館出版品預行編目資料

碰撞下的震撼與火花：兩岸中學名師教學觀摩
與評課專輯 / 孫劍秋主編 .-- 初版. -- 臺北
市：萬卷樓, 2014.06
　面；　公分. -- (語文教學叢書；1100006)
ISBN 978-957-739-872-7(平裝)
1.漢語教學 2.閱讀指導 3.中小學教育
523.311　　　　　　　　　　103010081